Patrick Blanche

Professeur à l'Université
de TSUKUBA (Japon)

à tour de rôle

FICHES B

à Yvonne

Avec l'assistance technique
d'Armelle ROUYÈRE

C L E
international

27, rue de la Glacière. 75013 Paris.
Vente aux enseignants : 16, rue Monsieur le Prince. 75006 Paris.

Sommaire
Fiches B

Conseils aux utilisateurs

Vous êtes élève ou étudiant et vous souhaitez progresser dans la maîtrise du français parlé.

À tour de rôle vous propose d'apprendre à communiquer par une série d'activités d'échanges.

À tour de rôle réunit deux participants (ou deux équipes) A et B et un animateur, le professeur.

À tour de rôle se compose donc de trois parties :

– une série de fiches **A** pour l'élève A,
– une série de fiches **B** pour l'élève B,
– au centre un guide d'utilisation réservé exclusivement au professeur *.

Règle du jeu

Mettez-vous par deux et choisissez la partie **A** ou **B** de votre livre.

En suivant les indications du professeur, chacun prend connaissance de sa fiche, où figurent des informations que l'autre n'a pas. Votre but est d'obtenir les renseignements qui vous manquent en interrogeant votre partenaire, pour trouver la solution au problème qui vous est posé.

Il est important, pour que les activités aient un sens, de respecter la règle du jeu : vous devez regarder seulement *votre* fiche, mais pas celle de votre partenaire.

À la fin, vous vérifiez avec l'autre que vous avez tous les deux les bonnes réponses.

* p. 51 (côté Fiches A)

Comment se présenter
et présenter quelqu'un

Première activité

Nom	....	....	Antoinette Cartier	Henri Lenoir
Âge	....	....	14 ans	13 ans
Pays d'origine	....	....	La Côte d'Ivoire	La Suisse

Deuxième activité

Nom	Suzanne Tournier	....	Lucie Grammont	....
Âge	....	32 ans	25 ans	29 ans
Métier	institutrice	facteur	....	....
Pays d'origine	....	....	Le Luxembourg	....

4

Troisième activité

Nom : .... Âge : ....

Pays d'origine : .... Nationalité : ....

Groupe sanguin : ....

Résidence (dans votre pays d'origine) : ....

Nombre de personnes dans votre famille : ....

Mère   Père   Nombre de frères   Nombre de sœurs   Autre(s)

☐   ☐   ....

Profession du père : ....

Profession de la mère : ....

Encore au lycée ? ☐ oui ☐ non   Dernière année d'étude : ....

(si votre partenaire a terminé ses études secondaires :)

Profession : ....

ou

Études supérieures : ....

Combien de temps avez-vous étudié le français ? ...... an(s) .... mois

Centres d'intérêt : ....

Votre couleur préférée : ....

Pays étrangers visités : ....

Vos ambitions : ....

....

....

2 Comment demander et donner des renseignements personnels

Première activité

Regardez sur la page suivante **le coin en haut à gauche**.
À côté du numéro 1, écrivez le nom de l'endroit le plus beau ou de la ville la plus belle de votre pays.
À côté du numéro 2, inscrivez l'année où vous avez commencé à étudier le français.
À côté du numéro 3, écrivez le nom de la personne que vous aimeriez être si vous pouviez être n'importe qui, n'importe où dans le monde (une personne vivant actuellement).
Dans le cercle sous le numéro 3, écrivez le prénom du premier garçon ou de la première fille dont vous êtes tombé(e) amoureux/amoureuse.

Regardez **le coin en bas à droite**.
À côté du numéro 4, inscrivez le nom du professeur de lycée ou d'université que vous aim(i)ez le plus.
À côté du numéro 5, écrivez le nom de quelque chose (ou quelqu'un) qui vous a une fois fait très peur.
À côté du numéro 6, inscrivez une activité que vous aimez énormément (quelque chose que vous adorez faire).
Dans le cercle au-dessus du numéro 4, inscrivez le prénom du parent que vous aimez le plus (si possible, quelqu'un d'autre que votre mère, père, frère, sœur ou enfant).

Regardez **le coin en haut à droite**.
Dans le rectangle, écrivez le nom de la ville ou du village où vous êtes né(e).
Dans le cercle au-dessous, inscrivez ce que vous considérez être l'âge idéal pour se marier.

Regardez **le coin en bas à gauche de la page**.
Dans le rectangle, inscrivez le nom de votre compositeur, chanteur ou groupe pop préféré.
Dans le cercle au-dessus, inscrivez l'âge que vous aviez quand vous avez eu votre plus grave maladie ou accident. (Avez-vous failli mourir alors ?).

Regardez **le grand rectangle au milieu de la page**.
Inscrivez-y votre signe zodiacal en lettres capitales. Votre signe zodiacal dépend de la période de l'année (voir ci-dessous) pendant laquelle vous êtes né(e) :

Bélier :	21 mars — 19 avril		Balance :	23 septembre — 23 octobre
Taureau :	20 avril — 20 mai		Scorpion :	24 octobre — 21 novembre
Gémeaux :	21 mai — 21 juin		Sagittaire :	22 novembre — 21 décembre
Cancer :	22 juin — 22 juillet		Capricorne :	22 décembre — 19 janvier
Lion :	23 juillet — 22 août		Verseau :	20 janvier — 18 février
Vierge :	23 août — 22 septembre		Poissons :	19 février — 20 mars

Dans les espaces vides (au-dessus des traits) autour du rectangle, décrivez trois choses que vous détestez faire.

1 ....

2 ....

3 ....

....

....

4 ....

5 ....

6 ....

Deuxième activité

Lisez la légende...

> 1 oui, toujours
> 2 oui, souvent
> 3 ça dépend
> 4 non, pas souvent
> 5 non, jamais

...et entourez le chiffre qui correspond à votre réponse.

Je peux me lever tôt le matin sans problème.	1 2 3 4 5
Je regarde au moins une émission de télévision ou j'écoute au moins un programme à la radio par soirée.	1 2 3 4 5
Je suis nerveux(se) quand je rencontre des gens pour la première fois.	1 2 3 4 5
Je fais attention à ce que je dépense et je mets de l'argent de côté.	1 2 3 4 5
Je m'ennuie quand je suis seul(e).	1 2 3 4 5
Je préfère être avec des personnes du sexe opposé qu'avec des personnes de mon sexe.	1 2 3 4 5
J'essaie de me tenir au courant des dernières nouvelles internationales.	1 2 3 4 5
Je suis contrarié(e) si les gens sont en retard.	1 2 3 4 5
Le week-end, je préfère sortir plutôt que de rester chez moi.	1 2 3 4 5
Je réfléchis longtemps avant de prendre une décision	1 2 3 4 5
J'essaie de me faire au minimum un ou deux nouveaux amis par an.	1 2 3 4 5
En été, je vais à l'étranger.	1 2 3 4 5
Je me rappelle le nom des gens auxquels on me présente.	1 2 3 4 5
Je fais des projets d'avenir.	1 2 3 4 5
Je trouve que le français est facile à apprendre.	1 2 3 4 5

3 Comment décrire des personnes

Première activité

	taille (grandeur)	corpulence	cheveux	yeux	particularités
Nicolas SOUCHON	grand			marron	des pieds énormes
Roger VIDAL		gros	roux et bouclés		
Arlette FORMATIN		mince		bleus	toujours des lunettes
Louise AUCLAIR	très grande		longs et châtain		
Jérôme RADIGUET		trapu		noirs	
Christiane BLONDEL	petite		noirs et bouclés		une bague en diamant

Deuxième activité

Quelles sont les trois personnes que *vous* devez aller chercher ?

Dites à votre partenaire d'aller chercher :

Renée : grande
mince
cheveux bruns et courts
lunettes
Vêtements portés : une jupe et une veste à rayures
Objets tenus à la main : une valise et un parapluie

Francis : pas très grand
pas très gros
cheveux blonds et courts
Vêtements portés : un costume et une cravate
Objet tenu à la main : un porte-documents

Florence : petite
forte
cheveux longs et blonds
Vêtements portés : un pantalon et un chemisier
Objets tenus à la main : une veste et un sac

4 Comment se renseigner sur la taille, le poids ou l'âge d'une personne ou d'une chose

Première activité

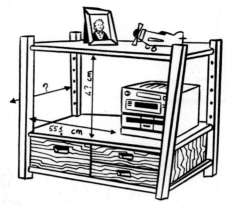

	Teleidossicht	Haramatsu	Vistassonique	Duralumen
Hauteur		35 cm		25 cm
Largeur		37 cm		35 cm
Longueur		40 cm		30 cm
Poids		18 kilos		10 kilos
Prix		3 800 F		1450 F

Quel poste allez-vous choisir ?

Deuxième activité

Evelyne :	14 ans 1, 47 m 41 kg
Georgette :	48 kg
Nathalie :	15 ans 1,75 m
Gilles :	14 ans 64 kg
Bertrand :	1,70 m
Serge :	

5 Comment décrire des objets

Première activité

OBJETS TROUVÉS

Qui a perdu quel bagage ?

	Michèle	Raoul	Patrice	Gérard
Quelle forme ?		allongée	carrée	
Quelle couleur ?	blanche		noire et blanche	
Quelle taille ? (grosseur ?)		assez grosse		très grande
Autres données	pas de serrure			rayures

Deuxième activité

	Stéphane	Paul	Béatrice
Combien ?		1	
Quelle forme ?	ronde		
Quelle couleur ?	rouge pâle		vert foncé
Quelle taille (grosseur) ?		énorme	
En quoi ?		verre	métal
Autres données	clignotants		fenêtres jaunes

Comment parler de ce que l'on possède

A B

Première activité

Pascal   Annie   Gisèle   Myriam   Frédéric   Yvonne

Deuxième activité

☑ = volé(es)
⊞ = pas volé(es)

Les Simonet	
poste de télévision	☐
tableaux	☐
argent	☐
caméra vidéo	☐
bijoux	☐

Les Jacquemard	
argent	☑
bijoux	☑
vêtements	⊞
platine stéréophonique	⊞
meubles	☑

Les Denisot	
bague en or	☐
manteau de fourrure	☐
argent	☐
montre	☐
poste de radio	☐
pendule ancienne	☐

Les Benoît	
argent	⊞
micro-ordinateur	☑
blouson en cuir	⊞
passeport	☑
carnet de chèques	⊞
appareil-photo	☑

Comment localiser des objets

Première activité

Retrouvez les personnages et les objets manquants.

Deuxième activité

Complétez *votre* plan en y ajoutant là où *vous* voulez :

1 canapé

2 fauteuils

1 table de télévision
et le poste qu'elle supporte

1 téléphone sur une
petite table basse

1 cheminée

1 étagère à livres
(bibliothèque)

2 plantes d'intérieur

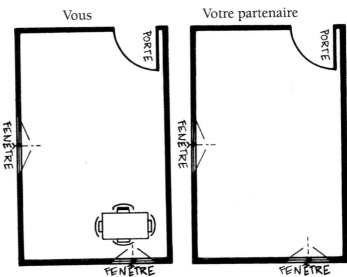

Quel est le meilleur des deux agencements ?

8 Comment décrire des lieux

Première activité

	Strasbourg	Port-au-Prince	Louvain	Kourou
Dans quel pays ?		Haïti		La Guyane française
Quelle région ?		la côte sud	le centre	
Combien d'habitants ?	450 000		90 000	
Quel climat ?	semi-continental		frais et pluvieux	
Quelle ambiance ?	pittoresque accueillante			fonctionnelle moderne
Célèbre pour quoi ?		la cuisine créole		son centre spatial

Deuxième activité

ce que dit le voyagiste :
PORT-MARIN
plages magnifiques
climat chaud et sec
calme
pas très cher
nombreuses activités possibles

SAVIGNY-LES-BAINS
près du Lac Bleu
climat frais et sec
très peu de touristes
hôtels bon marché
accessible par train et autobus

CAP D'AIGLE
plages de sable fin
été long et chaud
nombreux cafés et discothèques
beaucoup de jeunes gens
nombreux bons hôtels

ce que vous dites :

MONTFLEUR
près des montagnes
climat froid
très calme
un seul restaurant
arrière-pays ravissant

LES SABLES BLANCS
plages de sable fin hors de la ville
hôtels chers
temps magnifique
très fréquenté
rien à faire le soir

BRIEL-SUR-MER
plages pratiquement désertes
hôtels chers et peu confortables
aucun endroit où manger correctement
des résidents plutôt âgés
chaud, très peu de pluie

Quel endroit allez-vous choisir ?

Comment demander et indiquer son chemin

Première activité

Les noms de dix des bâtiments, magasins ou surfaces qui figurent sur le plan ci-dessous n'y sont pas écrits. En voici la liste :

le commissariat (de police)	l'agence de voyages
la bibliothèque municipale	l'épicerie
l'école primaire	l'hôpital
la caserne des pompiers	la laverie
la banque	la pharmacie

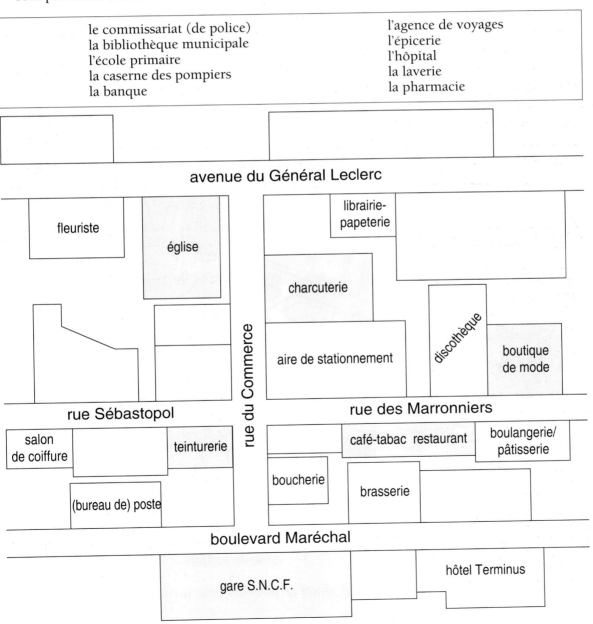

avenue du Général Leclerc

fleuriste

église

librairie-papeterie

charcuterie

rue du Commerce

aire de stationnement

discothèque

boutique de mode

rue Sébastopol

rue des Marronniers

salon de coiffure

teinturerie

(bureau de) poste

café-tabac restaurant

boulangerie/ pâtisserie

boucherie

brasserie

boulevard Maréchal

gare S.N.C.F.

hôtel Terminus

Deuxième et troisième activités

Demandez à votre partenaire comment se rendre :

a) chez le dentiste depuis La Sarpe-sur-Mer   (inscrire I dans la case correspondante)
b) à la pharmacie depuis Bréteil   (inscrire II dans la case correspondante)
c) la crêperie depuis Ravignes   (inscrire III dans la case correspondante)

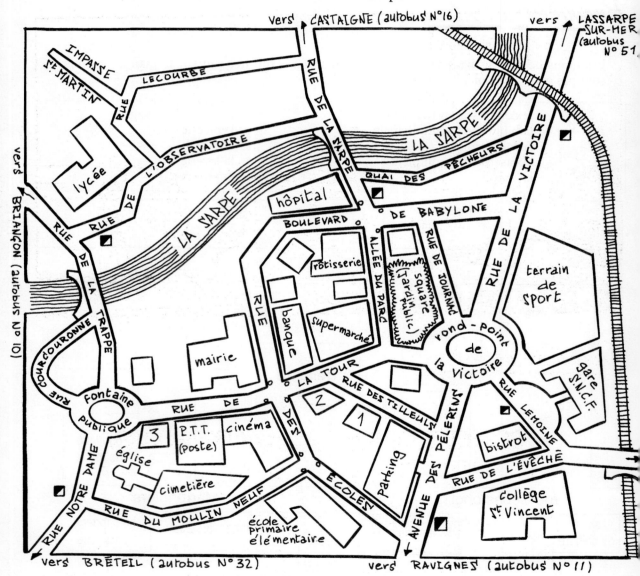

Pontalais-sur-Sarpe

○ ○
○ ○   feux de signalisation   1 - cabinet du médecin

◣   arrêt de bus   2 - restaurant

                     3 - salon de coiffure

Décrivez à votre partenaire votre proposition de parcours pour le défilé du carnaval.
Quel est le meilleur parcours ?

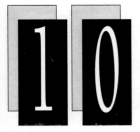

Comment décrire des actions ou des états simultanés

Première activité

Deuxième activité

Qui est l'assassin ?

Sophie — en train de réviser chez Gilbert	*Henriette*
Daniel — en train de dîner chez lui avec Henriette	*Gilbert*
Catherine — en train de rendre visite à son amie Josette	*Janine*
Sylvie — en train de prendre un pot avec Christophe	*Josette*
Lionel — en train de dîner au restaurant avec sa petite amie	*Maurice*
Thérèse — toute seule chez elle : en train de regarder un film à la télé(vision)	*Christophe*

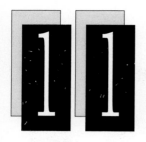

Comment demander les prix

Première activité

Deuxième activité

Café du Nord		La Chope d'Argent	
Boissons non alcoolisées		**Boissons non alcoolisées**	
Verre de lait	....	Express	8 F
Coca-Cola	....	Café crème	10 F
Orangina	....	Thé au lait	11 F
Grenadine	....	Pepsi-Cola	11 F
Jus de raisin	....	Limonade	10 F
Eau minérale (Evian, Vittel, Perrier)	....	Diabolo menthe	10 F
Express	....	Jus de pomme	10 F
Café crème	....	Jus d'abricot	15 F
Thé au citron	....	**Sandwichs variés**	
Sandwichs variés		Jambon (de Paris, de pays)	18 F
Jambon-beurre	....	Saucisson	15 F
Fromage	....	Rillettes	19 F
Pâté	....	Fromage (gruyère, port-salut, cantal)	18 F
Saucisson	....	Croque-monsieur	18 F
Croque-monsieur	....	Croque-madame	20 F

Quel café vous paraît être le plus économique ?

12 Comment décrire des actions quotidiennes

Première activité

Légende

1	oui, toujours
2	oui, habituellement
3	oui, souvent
4	oui, parfois
5	non, pas souvent
6	non, rarement
7	non, à peine
8	non, jamais

Renseignez-vous pour savoir si votre partenaire...

	1	2	3	4	5	6	7	8
...se lève avant 7.30 heures								
...fait tous ses devoirs								
...donne une fête pour son anniversaire								
...part à l'étranger en été								
...regarde la télévision le soir								
...bronze en été								
...se souvient de la date des anniversaires								
...est timide quand il/elle rencontre des inconnu(e)s.								
...prend du lait avec son thé								
...mange trois fois par jour								
...se rend à l'école (ou à son travail) à pied								
...s'ennuie en classe								
...entend son réveil sonner								
...fait son lit le matin avant de partir								
...ronge ses ongles quand il/elle est nerveux(se)								

Deuxième activité

	Habib Énouf Conducteur de bus	Vincent Lemoine Cadre commercial	Édith Pinel Secrétaire	Geneviève Fayard Journaliste
Lever		8 h.15		7h.30
Petit déjeuner		8h.30		8h.15
Heures de travail		9 heures 6 heures		8h.45 7 heures
Déjeuner		1h.30 dans un restaurant ou une brasserie		1h.30 chez elle
Dîner		aux alentours de 8 heures		entre 7 heures et huit heures
Activités du soir		lit, regarde la télé		travaille chez elle, va au théâtre

heure de la réunion ....

Troisième activité

	Odile Vervoort	Raphaël Orsini	Armand Giraudin Électricien	Chantal Fabre-Després Infirmière
Lever				
Petit déjeuner				
Heures de travail				
Déjeuner				
Dîner				
Activités du soir				

heure de la réunion ....

13 Comment demander et donner l'heure

Première activité

	Votre pays d'origine	France (en région parisienne)	Espagne
Petits commerces heure d'ouverture heure de fermeture		8 heures du soir	8 heures du soir
Bureaux heure d'ouverture heure de fermeture		9 heures du matin	8 heures du matin
Écoles secondaires début des cours fin des cours		6 heures du soir	8 h.30 du matin
Cinémas heure d'ouverture heure de fermeture		10 heures et demie du soir	10 heures et demie du soir

Deuxième activité

AÉROPORT D'AMSTERDAM SCHIPHOL

Arrivées	(le matin)
Paris	
New York	
Stockholm	11 h 10
Dublin	10 h 30
Londres	
Hambourg	
Venise	8 h 30
Mexico	
Ankara	9 h 45
Malaga	10 h 50

Départs	(le matin)
Madrid	
Londres	9 h 40
Lisbonne	9 h 05
Washington	
Rio de Janeiro	
Oslo	10 h 35
Paris	11 h 35
Athènes	11 h 15
Rome	
Johannesburg	

Combien d'avions atterrissent et décollent entre

a) neuf et dix heures du matin ? ....
b) dix et onze heures du matin ? ....

Comment demander des renseignements concernant un voyage

Première activité

DE PARIS À	EN CAR		EN TRAIN		EN AVION	
	DURÉE	PRIX	DURÉE	PRIX	DURÉE	PRIX
Madrid		560 F		662 F	1 heure 50	
Londres	8 heures		5 heures 40			950 F
Rome	18 heures	500 F		689 F	1 heure 55	
Athènes		925 F		1 194 F	3 heures 10	
Lisbonne	26 heures 30		25 heures			3 065 F
Luxembourg				183 F	1 heure	

Deuxième activité

Lyon-Londres	Train n° 1 (TGV, vendredi)	Train n° 2 (samedi)	Train n° 3 (dimanche)
Au départ de Heure de départ	15 h 05		Lyon Part-Dieu 19 h 09
Arrivée à Paris Départ de Paris	18 h 00		23 h 33 00 h 14 (lundi)
Traversée de la Manche : itinéraire moyen de transport durée	aéroglisseur (naviplane)		Dieppe - Newhaven ferry boat quatre heures
Arrivée à Londres	22 h 46		8 h 25 (lundi)
Prix du voyage : en 1re classe en 2e classe	621 F		833 F 634 F
Wagon-restaurant ?			non
Voiture-bar ?	seulement en 1re classe		oui
Couchettes ?	non		oui

Quel train allez-vous prendre avec votre partenaire ?

Comment faire des comparaisons

Première activité

1. **Quel pays est le plus grand ?**
   a) le Portugal
   b) l'Irlande
   c) l'Islande

   l'Irlande : 84 000 km carrés

2. **Dans quelle ville se trouve l'université la plus ancienne ?**
   a) Lisbonne
   b) Glasgow
   c) Montpellier
   d) Cologne

   Glasgow : ouverte en 1451
   Lisbonne : ouverte en 1290

3. **Quelle montagne est la plus haute ?**
   a) la Cordillère des Andes
   b) les Rocheuses
   c) la Chaîne de l'Atlas

   la Chaîne de l'Atlas : 4 165 mètres
   les Rocheuses : 4 370 mètres

4. **Quel fleuve est le plus long ?**
   a) l'Amazone
   b) le Nil

   le Nil : 6 670 km

5. **Quel pays a la population la plus importante ?**
   a) la France
   b) l'Espagne
   c) l'Italie
   d) la Grande-Bretagne

   l'Espagne : 40 millions d'habitants
   l'Italie : 58 millions d'habitants

6. **Quelle est la ville la plus éloignée de Paris ?**
   a) Madrid
   b) Rome

   Madrid : 1 051 km en avion
   1 464 km en train

7. **Quel est l'océan le plus étendu ?**
   a) le Pacifique
   b) l'Atlantique
   c) l'océan Indien

   l'Atlantique : 82,4 millions de km carrés
   l'océan Indien : 74,5 millions de km carrés

8. **Laquelle de ces villes est la plus grande ?**
   a) Bruxelles
   b) Genève
   c) Marseille

   Bruxelles : 990 000 habitants
   Genève : 380 000 habitants

9. **Quelle est la ville la plus chaude en été ?**
   a) Madrid
   b) Athènes

   Madrid : 25° C

10. **Quelle est la planète la plus grande ?**
    a) la Terre
    b) Vénus
    c) Mars

    la Terre : 12 800 km de diamètre

Deuxième activité

Nom

				18 ans	

Âge

Claire est la plus jeune des six (personnes).
Éric est plus grand que Pierrette, mais plus petit que Jean-Luc.
Nathalie est plus mince que Pierrette, mais plus forte que Claire.
Les cheveux de Claire sont moins longs que ceux de Nathalie.
La personne la plus mince n'a que 16 ans.

16 Comment exprimer ses intentions et ses projets

Première activité

	Thierry	Bernadette	Olivier	Michel et Juliette	Nadine
Quel mois ?		août	septembre		août
Combien de temps ?		trois semaines	un mois	quinze jours	
Quel pays ?	l'Italie			le Maroc	
Quelle(s) ville(s) ?	Venise			Marrakech	
Quel(s) moyen(s) de transport ?		par le train	en avion et en auto-stop		en voiture
Quel genre de logement ?	un hôtel bon marché				
Avec qui d'autre ?			personne d'autre	leurs deux enfants	son petit ami
Quels projets particuliers ?		visiter les ruines, aller à la plage, se promener dans la campagne	parler aux gens, se faire des amis, voir le plus de choses possibles		assister au festival du film, aller à Monte-Carlo, prendre des bains de soleil

Deuxième activité

L'ÎLE DE BEAURIVAGE

ROCHENOIRE
VILLEPLATE
ROSEVILLE
DEUX-RIVIÈRES
LA COLLINE-ROUSSE
CAP-OUEST
LEHAUMONT
BELLEVUE
LAFALAISE

ON PEUT :

LÉGENDE :
FAIRE DE LA PLONGÉE SOUS-MARINE   FAIRE DE L'ÉQUITATION
PRENDRE DES BAINS DE SOLEIL   ALLER À LA PÊCHE
FAIRE DE LA PLANCHE À VOILE   FAIRE DU SKI
FAIRE DU SKI NAUTIQUE   JOUER AU GOLF

	Vous	Votre partenaire
1. Où ? Combien de temps ? Dans quel but ?		
2. Où ? Combien de temps ? Dans quel but ?		
3. Où ? Combien de temps ? Dans quel but ?		
4. Où ? Combien de temps ? Dans quel but ?		

Troisième activité

Imaginez que vous allez partir en vacances en séjour organisé avec votre mari/femme et vos deux enfants à l'île de la Martinique. Vous partez pour trois semaines et vous séjournerez à l'hôtel du Grand Large près de la ville de Sainte-Marie. Vous espérez pouvoir faire beaucoup de promenades et projetez de visiter également plusieurs îles voisines. Vous vous réjouissez à la pensée du soleil et prévoyez d'aller à la piscine tous les jours. Vous êtes déjà allé(e) en vacances aux Antilles plusieurs fois et vous croyez que c'est un endroit idéal pour passer des vacances reposantes. Vous voyagerez en avion et vous rendrez à Fort-de-France en partant de l'aéroport Charles de Gaulle (aéroport de Paris).

Comment demander
ou commander quelque chose

Première activité

Votre magasin :

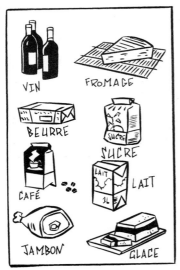

Liste d'achats
- 6 bananes
- 3 kilos de pommes de terre
- 2 kilos d'oranges
- 1 kilo de pommes
- 1 gros chou
- 1 ananas bien mûr
- 1 kilo d'oignons
- 4 poires

Deuxième activité

Restaurant Le Coq en Pâte
MENU

Entrée :

Plat principal :

Garniture :

Dessert :

Boisson :

Menu possible :

Entrées :
soupe de poisson
soupe de légumes
cocktail de crevettes
crudités
melon
œufs mayonnaise

Plat principal :
truite aux amandes
steak tartare
petit salé aux lentilles
omelette au lard
poule au riz
brandade de morue

Garniture :
frites
pommes de terre sautées
carottes
haricots verts
petits pois
salade verte

Desserts :
tarte aux pommes
glace
crème caramel
gâteau au chocolat
tarte au citron
fruit

Boissons :
bière
vin
Coca-Cola
jus de fruit
limonade
eau minérale

18 Comment donner des directives et demander des explications (1re partie)

Première activité

Vos deux recettes

Les deux recettes de votre partenaire.

LA POTION POUR VOYAGER À TRAVERS LE TEMPS

Premièrement, mettez 2 œufs dans un bol.
Puis, ajoutez le jus d'une orange et trois fraises.
Ensuite, mélangez un demi-verre de lait.
Après cela, ajoutez du sucre et les pétales d'une fleur sauvage.
Finalement, ajoutez trois gouttes de porto.

Buvez lentement dans un verre rose, 6 heures avant le départ.

LA POTION POUR RÉUSSIR TOUS LES EXAMENS

Premièrement, coupez 4 bananes en morceaux et placez-les dans un bol.
Puis, ajoutez du miel.
Ensuite, versez de l'eau bouillante sur les bananes et laissez reposer pendant 3 heures.
Après cela, ajoutez un verre de crème fraîche.
Bien mélanger.
Finalement, ajoutez des glaçons.

Buvez très froid juste avant l'examen.

Deuxième activité

☀	🐎	🏠	△	
■	7	+		○
🌳	12	13	☕	
16	17		19	20

Remplissez les cases numérotées comme suit :

1 Dans la case n° 7 inscrivez la date d'aujourd'hui.
2 Dans la case n° 12 inscrivez l'année actuelle.
3 Dans la case n° 13 inscrivez le jour d'hier.
4 Dans la case n° 16 inscrivez le nom de votre professeur.
5 Dans la case n° 17 inscrivez le nombre 42.
6 Dans la case n° 19 inscrivez la couleur de vos yeux.
7 Dans la case n° 20 inscrivez votre nom.

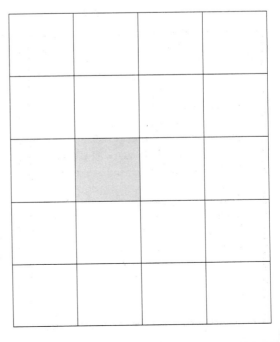

Comment donner des directives et des explications (2ᵉ partie) et obtenir des éclaircissements

Première activité

Origami

Origami est un mot japonais qui désigne l'art de plier du papier. Votre partenaire va vous apprendre comment faire un porte-monnaie en papier. Vous avez besoin d'une feuille de papier carrée d'environ 15 cm de côté.

Assurez-vous que vous comprenez bien chaque étape avant de passer à la suivante. Demandez à votre partenaire de répéter ses explications et n'hésitez pas à lui poser davantage de questions si vous ne comprenez pas parfaitement ce que vous êtes censé(e) faire.

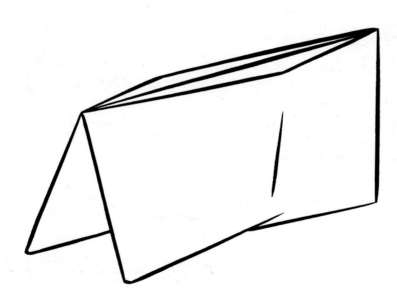

Deuxième activité

Île de Corsairix

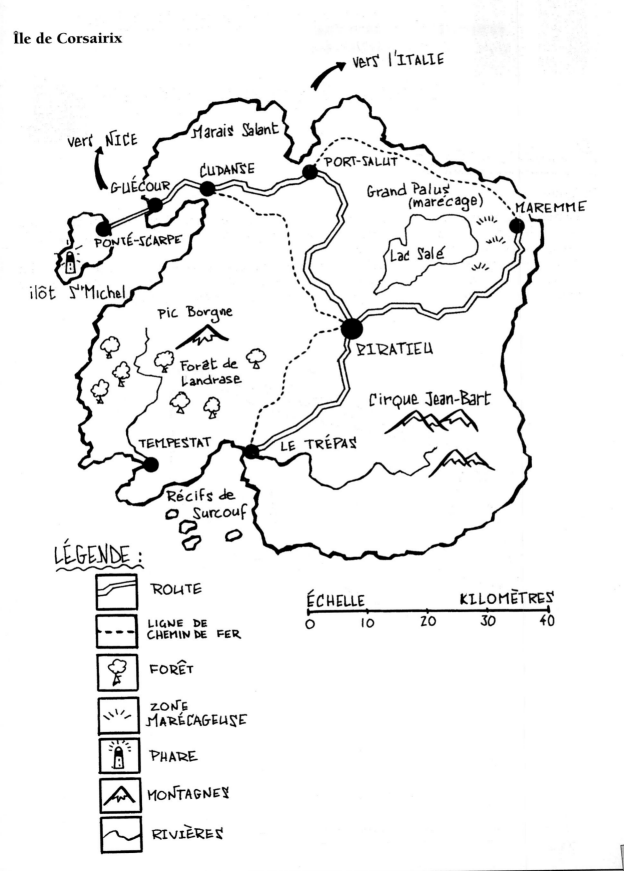

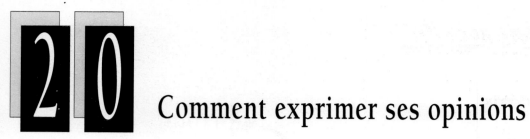

Comment exprimer ses opinions

Première activité

Légende
1 Je pense que oui.
2 Non, je ne pense pas.
3 Je ne suis pas sûr(e).
4 Je n'en ai aucune idée.

	1	2	3	4
Le français est difficile à apprendre.				
Hommes et femmes seront égaux un jour.				
On peut dire beaucoup de choses sur une personne d'après ses vêtements.				
Le plus important dans un travail, c'est l'argent.				
Les chats sont de meilleurs compagnons que les chiens.				
C'est mieux de grandir à la ville qu'à la campagne.				
La musique classique est ennuyeuse.				
Il vaut mieux ne pas se marier avant d'avoir au moins 25 ans.				
Les enfants devraient s'occuper de leurs parents quand ils sont vieux.				
La musique pop est seulement pour les adolescents/jeunes.				
Il devrait être interdit de fumer dans les lieux publics.				
C'est un avantage d'être enfant unique.				
La politique, c'est très intéressant.				
Les gens sont plus heureux aujourd'hui qu'autrefois.				
Les fantômes, ovnis, etc, existent bel et bien.				
Tous les hommes devraient savoir cuisiner, coudre, s'occuper du ménage, etc.				
Les vedettes de musique, de cinéma et les athlètes professionnels gagnent beaucoup trop d'argent.				
Regarder la télévision est plus intéressant que lire des livres.				
Se marier et avoir des enfants est plus important pour une femme que pour un homme.				
Il n'y aura jamais de troisième guerre mondiale.				

Deuxième activité

1. Les enfants devraient obéir à leurs parents sans poser de questions.	1 2 3 4 5
2.	1 2 3 4 5
3. Les filles et les garçons devraient être élevés de la même façon, sans rôle défini.	1 2 3 4 5
4.	1 2 3 4 5
5. Il ne faut jamais frapper un enfant.	1 2 3 4 5
6.	1 2 3 4 5
7. Les parents ne devraient jamais se disputer devant leurs enfants.	1 2 3 4 5
8.	1 2 3 4 5
9. Les bébés sont ennuyeux.	1 2 3 4 5
10.	1 2 3 4 5
11. De nos jours, on devrait limiter à trois le nombre d'enfants par famille.	1 2 3 4 5
12.	1 2 3 4 5

Troisième activité

+ = est/sont d'accord

— = n'est pas/ne sont pas d'accord

	Antoine	Mireille	Leurs parents		Ton avis	Son avis
1. La scolarité devrait être obligatoire jusqu'à l'âge de 18 ans*.		+				
2. Les élèves des écoles secondaires devraient tous porter un uniforme.			+			
3. Les garçons et les filles devraient fréquenter des écoles différentes.	—	+				
4. Les élèves des écoles primaires et secondaires devraient avoir des devoirs à faire tous les jours.			—			
5. Les filles devraient apprendre à faire la cuisine, et les garçons à travailler le bois.		—				
6. On devrait commencer à apprendre une langue étrangère à l'école primaire.	+	+				
7. Les parents (ou tuteurs) devraient payer au moins 50 % des frais de scolarité des enfants dont ils ont la charge.	—		—			
8. Les élèves des lycées et collèges devraient avoir le droit de fumer.	—	—				
9. Les vacances d'été devraient être raccourcies.	+		+			
10. Les élèves des lycées et collèges devraient avoir à passer des examens tous les trimestres.			+			

* La majorité

Opinions	1	2	3	4	5	6	7	8	9	10
Nombre de ceux qui ne sont pas d'accord										
Nombre de ceux qui sont d'accord										

21 Comment exprimer ses goûts et ses préférences, ses sympathies et ses antipathies

Première activité

Demande à ton partenaire, les préférences des autres.

Édouard	le football le rugby le tennis	la viande le poisson les œufs	le vin + la bière le pastis	aller en boîte * aller au restaurant écouter de la musique +

Édouard — le football, le rugby, le tennis — la viande, le poisson, les œufs — le vin +, la bière, le pastis — aller en boîte *, aller au restaurant, écouter de la musique +

Ahmed — le vin +, la bière, le pastis — aller en boîte, aller au restaurant, écouter de la musique — la viande, le poisson, les œufs — le football, le rugby, le tennis +

Guillaume — aller en boîte +, aller au restaurant, écouter de la musique — le vin, la bière, le pastis — le football +, le rugby, le tennis — la viande, le poisson, les œufs

Marcel — le vin, la bière, le pastis — le football +, le rugby, le tennis — la viande +, le poisson, les œufs — aller en boîte, aller au restaurant, écouter de la musique

Dominique — la viande, le poisson +, les œufs — aller en boîte, aller au restaurant +, écouter de la musique — le vin, la bière, le pastis — le football, le rugby, le tennis

le sport préféré [   ]   la boisson [   ] préférée du groupe

la nourriture [   ]   et l'activité du soir [   ] préférées du groupe

* danser dans une discothèque

Deuxième activité

		Vous		Maryse	Germaine	Xavier	Régis
Boisson	Jus de fruits						
	Coca-Cola			✔			
	Limonade					✔	
Nourriture	Pommes chips				✔		
	Petits fours						
	Sandwichs			✔			
Musique	Rock						✔
	Pop						
	Folklore					✔	

Nourriture .... Boisson .... Musique ....

Troisième activité

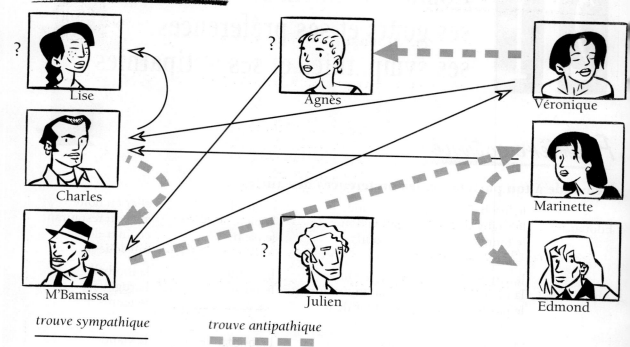

Lise

Agnès

Véronique

Charles

Marinette

M'Bamissa

Julien

Edmond

trouve sympathique

trouve antipathique

Quatrième activité

Hervé Léotard
28 ans
Enseignant

Luc Marchandiau
27 ans
Représentant

Paulette Bourassin
25 ans
Secrétaire

Emmanuelle Sestrier
23 ans
Hôtesse de l'air

Est-ce qu'ils aiment :	Luc	Hervé	Paulette	Émmanuelle
manger au restaurant ?	oui			
				non
écouter de la musique ?		énormément	oui	
regarder la télé ?	pas du tout		beaucoup	
faire des voyages ?		oui		
				beaucoup
faire du sport ?			non	pas tellement
se lever de bonne heure ?	non	pas tellement		
se promener à pied ?				
			oui	non
se baigner ?	énormément	non		

6

Cinquième activité

Questionnaire radio/télévision

1. Nombre d'heures passées à regarder la télévision ou à écouter la radio chaque semaine.

☐ moins de 5 heures
☐ 5 - 10 heures
☐ 10 - 15 heures
☐ 15 - 20 heures
☐ plus de 20 heures

2. Genre d'émissions qu'il/elle aime regarder ou écouter.

3. Genre d'émissions qu'il/elle regarde ou écoute occasionnellement.

4. Genre d'émissions qu'il/elle déteste regarder ou écouter.

Informations
Feuilletons
Débats
Pièces de théâtre
Jeux télévisés
Films policiers
Musique pop
Divertissements
Comédies
Emissions pour enfants
Documentaires
Variétés
Musique classique
Sports
autre...

5. Son émission préférée : ....

6. Genre d'émissions qu'il/elle aimerait voir/entendre (a) plus souvent :

....

(b) moins souvent : ....

....

22 Comment exprimer l'accord ou le désaccord

Première activité

Westerns	ennuyeux passionnant intéressant ....
Dessins animés	fascinant bête drôle ....
Informations	excellent sans intérêt bien ....
Jeux de questions et réponses	amusant assommant acceptable ....
Films d'horreur	détestable fascinant ennuyeux ....

Variétés	divertissant bien génial ....
Films policiers	sensationnel intéressant mauvais ....
Émissions politiques	sans intérêt bien détestable ....
Sports	pas mal ennuyeux vraiment bien ....
Documentaires	excellent assommant acceptable ....

Deuxième activité

	Mme Andrieu	M. Saint-Yves	Mlle Guillemin	Note méritée
Huguette		Faible		
Réjane		Paresseuse	Passable	
Raymond		Très bien	Assez bien	
Fabrice		Moyen		
Gabriel		Bon travail		
Mélanie		Bien	Travailleuse	
Yannick		Passable		
Diégo		Excellents résultats		
Liliane		Faible	Bien	

Comment parler de faits situés dans le passé (1re partie)

Première activité

	Assassinats	Agressions et enlèvements	Effractions et cambriolages	Vols
Trigagnon	Hommes : 1 Femmes : Enfants et adolescents :	Hommes : Femmes : 23 Enfants et adolescents :	Maisons particulières : 135 Magasins : 25 Banques :	Voitures : Camionnettes : 38 Bicyclettes :
Coulormiers	Hommes : Femmes : 2 Enfants et adolescents :	Hommes : 12 Femmes : 27 Enfants et adolescents :	Maisons particulières : Magasins : 30 Banques :	Voitures : 391 Camionnettes : Bicyclettes : 421

Dans quelle ville a-t-on commis le plus de délits ? ....

Deuxième activité

Insérer le dessin d'un objet "étrange" dans chaque cadre.

1	2	3	4
		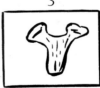	

La tribu des voracites

Nom ? ....
Trouvé(e) où ? ....
Fait(e) en/avec quoi ? ....
Servait à quoi ? ....

5	6	7	8

La tribu des Bolurons

Nom ? ....
Trouvé(e) où ? .... *près de la rivière*
Fait(e) en/avec quoi ? .... *ou*
Servait à quoi ? .... *préparer les peaux de bêtes*

Comment faire un récit

Première activité

Saviez-vous qu'ils ont été les premiers à faire le tour de la terre ?

Noms et nationalités des explorateurs	Dates et points de départ		Régions explorées		Aventures	Dates de retour (pour ceux qui sont revenus !)
	Année	Ville	Pays	Année		
Jean Le Monde (français)			Afrique du Sud Inde	1416 1417	s'est battu avec des crocodiles	
John O'World (irlandais)	1420	Dublin	Brésil Afrique du Sud			1425
Jan Wereld (hollandais)	1430	Amsterdam				est mort de la malaria au Brésil (1435)
João Mundo (portugais)			Brésil Inde		a découvert une mine d'or à Rio de Janeiro	

Deuxième activité

Racontez cette histoire à votre partenaire

Écoutez le récit de votre partenaire et retrouvez l'ordre.

Comment justifier
des actes ou un comportement

Première activité

Tous en retard ! Pourquoi ?

Marie-France	a manqué son train
Sandrine	a dû faire examiner son chat par un vétérinaire
Éliane	
Raymonde	
Nadine	a été obligée d'aller chez le médecin
Gilberte	
Lisette	sa montre retarde
Pascale	

Félix	a oublié un de ses livres à la maison
Alain	
Denis	
Jean-François	son père a dû s'arrêter pour prendre de l'essence
Simon	
Christian	son réveil n'a pas sonné
Bernard	
Thomas	a été pris dans un embouteillage

Deuxième activité

*Vous êtes invité(e)
à dîner chez Laurent
samedi, à 19 heures 30.*

Légende
+ = peut venir
− = ne peut pas venir

Annabelle − *doit passer un examen lundi*
René et Martine − *leur fils est malade*
Lucien + ...
Ginette − ....
Françoise + ...
Pierre et Colette − ....
Marguerite + ...
Louis − ....
Laurent et Marie-Claire − ....
Charlotte − ....

Jacques ....
Philippe et Valérie ....
Yves et Anne-Marie ....
Myriam ....
Christine ....
Simone ....
Patrick et Monique ....
Caroline ....
Jean-Marc ....
Émile ....

Comment inviter et accepter ou refuser une invitation

Première activité

	Matin	Après-midi	Soir
Dimanche		aller au bord de la mer en voiture	
Lundi	aller chez le dentiste		
Mardi			aller au cinéma avec Élisabeth
Mercredi		aller faire des courses avec Pauline	
Jeudi	aller chez le coiffeur		dîner chez Robert
Vendredi	ma leçon d'anglais	séance d'équitation avec Hugues	
Samedi			aller jouer aux cartes chez Michel

Invitez votre partenaire à :

Matin :
(aller) se promener au bord du lac
(faire) une partie de tennis

Après-midi :
aller à la piscine
faire une partie de golf miniature

Soir :
dîner chez vous
(aller) voir un film

Deuxième activité

Vous… (ne dites rien ; faites seulement semblant de composer le numéro de votre partenaire. Il ou elle va vous répondre.)

Votre partenaire : ....

Vous : Bonjour, ... (donnez le nom de votre partenaire) C'est moi, ... (donnez votre nom)

Votre partenaire : .... :

Vous : (réponse) Et toi ?

Votre partenaire : ....

Vous : Ecoute, est-ce que ça te dirait de ... (invitez A à aller au cinéma avec vous la semaine prochaine)

Votre partenaire : ....

Vous : Est-ce que le ... t'irait ? (suggérez mardi ou mercredi)

Votre partenaire : ....

Vous : Oui, ... (répétez le jour) ce serait bien.

Votre partenaire : ....

Vous : (proposez une heure)

Votre partenaire : ....

Vous : (proposez un endroit pour vous retrouver)

Votre partenaire : ....

Vous : Bon, alors c'est entendu, je te verrai ... (le jour que vous avez convenu).

Votre partenaire : ....

Vous : Bien, Salut !

Votre partenaire : ....

Remplissez votre agenda : aller au cinéma avec ... Rendez-vous à ... (heure/lieu)

Votre agenda pour la semaine prochaine (soirées)

Lundi

dîner avec Jacques et Serge   19 heures

Mardi

Mercredi

Jeudi

Vendredi

Comment suggérer et répondre à des suggestions

Première activité

Qu'est-ce qui leur ferait plaisir pour leur anniversaire ?

Muriel et Laurence, les jumelles (dimanche prochain)
Suggestions : a) un disque
              b) un livre
              c) deux billets de théâtre

Guy (jeudi prochain)
Suggestions : a) une bouteille de vin
              b) une cassette de musique classique
              c) un livre sur les voitures

Joséphine (mardi prochain)
Suggestions : a) une plante d'intérieur
              b) un chiot
              c) du parfum à 400 F le flacon

l'oncle Alfred
n'aime pas les sucreries
a déjà eu un stylo à Noël
vient de perdre son chapeau préféré

Isabelle
ne porte jamais de bijoux
a un beau jardin, plein de fleurs
aime tous les animaux domestiques

Stéphanie
n'aime pas les produits de beauté
Jérôme va lui offrir un sac à main
a cassé sa raquette la semaine dernière

Deuxième activité

1re chaîne	
18.00	Parlez-vous français ?
18.45	Top 50
19.30	Apostrophe
20.00	Journal de la Une
20.20	Chevalier de l'espace (science-fiction)
21.00	La panthère rose (dessin animé)
21.30	Miss Monde
22.30	Prélude à la nuit

2e chaîne	
18.00	Dynamo (magazine)
18.45	Dessins animés
19.30	L'ambassadrice (feuilleton)
20.00	Parlez-vous français ?
20.20	Concours de l'Eurovision 1re partie (chansons)
21.00	Informations
21.30	Concours de l'Eurovision 2e partie (chansons)
22.30	Histoires à dormir debout

3e chaîne	
18.00	Le Journal
18.45	Sport autos
19.30	Le continent noir (documentaire)
20.00	La Roue de la Fortune (jeu)
20.20	Les cinq dernières minutes (espionnage)
21.00	Musique au cœur (concert)
21.30	Football
22.30	Étoiles et toiles

Choisissez votre programme de 18.00 à 22 h 30, puis comparez avec votre partenaire.

Heure	Vous	Votre partenaire	Choix final
18.00			
18.45			
19.30			
20.00			

Heure	Vous	Votre partenaire	Choix final
20.20			
21.00			
21.30			
22.30			

Comment demander et donner un (des) conseil(s)

Première activité

Que leur conseille leur horoscope ? Et celui de votre partenaire, et vous ?

	Travail	Santé	Argent	Loisirs
Brigitte				
Rémy	concentrez-vous davantage	faites davantage de promenades à pied	cessez de vous tracasser pour des questions d'argent	essayez de rencontrer plus de gens
Clément				
Francine	essayez de trouver un nouvel emploi	mettez-vous au régime	occupez-vous de vos propres besoins	faites-vous de nouveaux amis
Odette				
Bruno	rentrez chez vous de bonne heure	buvez moins d'alcool	soyez plus généreux	passez plus de temps à la maison

Deuxième activité

Vous êtes inquiet, confiez-vous

I - *Votre famille a invité votre cousine canadienne à venir vivre chez vous. Vous êtes inquiet(ète) parce que :*
1. Elle ne parle pas votre langue.
2. Elle aura peut-être le mal du pays.
3. Elle ne connaît pas votre ville.
4. ....

II - *Vous allez faire le tour du monde à la voile avec votre oncle fortuné. Vous êtes inquiet(ète) parce que :*
1. Vous ne savez pas nager.
2. Le voyage risque d'être long.
3. Vos parents pensent que ça peut être dangereux.
4. ....

Réconfortez et conseillez votre partenaire

Conseils éventuels à donner à votre ami(e)
– améliorer son français
– avoir un correspondant francophone
– écrire des lettres
– inviter des amis pour les vacances
– emmener des cassettes vidéo et des livres
– prendre un parapluie et un coupe-vent

Conseils éventuels à donner à votre ami(e)
– prendre des vêtements légers
– rester à l'ombre
– prendre de la crème contre les piqûres d'insectes
– dormir sous une tente
– être toujours prudent
– faire connaissance avec les indigènes

Comment exprimer
les degrés de certitude

Première activité

Légende	Possible	Probable		Certain		
Soleil						
Nuages						
Pluie						
Vent						
Neige						

Deuxième activité

Avant l'an 2050.... ?

> Légende :
> 1 = sûr et certain
> 2 = presque certain
> 3 = probable
> 4 = possible
> 5 = peu probable
> 6 = impossible

	Vous	Votre partenaire

1 ....

2 Des êtres intelligents venus de l'espace intersidéral viendront nous voir.

3 ....

4 Nous consommerons des "pilules alimentaires" de préférence à de la nourriture normale.

5 ....

6 Toutes les voitures marcheront à l'électricité.

7 ....

8 Les couples mariés n'auront le droit d'avoir que deux enfants.

9 ....

10 Hommes et femmes travailleront seulement 25 heures par semaine.

11 ....

12 Des gens iront vivre sur la lune.

13 ....

14 On construira des villes dans l'Antarctique.

15 ....

16 Les baleines auront disparu.

17 ....

18 Le président des États-Unis sera une femme.

30

Comment parler de faits situés dans le passé (2*e partie*) et comment interrompre poliment pour corriger.

B

Première activité

Les pingouins

On trouve des pingouins sur les côtes rocheuses et froides du monde entier. Ils passent la plus grande partie de leur vie sur terre et font leurs nids sur le sol. La mère pingouin pond 6 œufs. La mère ainsi que le père s'occupent des petits quand ils sont nés. Le plus grand pingouin du monde est le pingouin Empereur qui mesure presque 50 cm. Il vit près du pôle sud. Ses plumes sont blanches et grises et il a des taches oranges sur la tête.

Quelques faits importants concernant les dinosaures

– dinosaure, mot grec
– le plus grand dinosaure pesait 39 tonnes
– des dinosaures ont été trouvé en Chine et en Afrique du Sud
– les dinosaures avaient de petites têtes
– certains mangeaient de la viande

Deuxième activité

Charles de Gaulle

Charles de Gaulle est un des plus grands hommes de l'histoire de France. Il naquit à Angers en 1902 et fit ses études supérieures à l'école militaire de Saumur. Il devint officier, fut fait prisonnier pendant la Deuxième Guerre mondiale et réussit à s'évader. En 1940, il séjourna à Londres avec un grand nombre de Français qui avaient refusé d'accepter l'armistice entre la France et l'Allemagne. Le général de Gaulle partit ensuite en Afrique équatoriale, où les troupes alliées remportèrent une grande victoire. Il participa au débarquement et Normandie et entra triomphalement à Strasbourg le 23 novembre 1944. Il fut élu Président du Gouvernement Provisoire de la République française en 1945, mais démissionna en 1948. Il se retira complètement de la vie politique en 1951. Il fut rappelé au pouvoir (dans des circonstances dramatiques) en 1958 et devint le premier Président de la Vᵉ République française (la même année). Il mit fin à la guerre d'Indochine en 1962 et fut réélu à la présidence en 1965. Il parvint à faire face à une violente poussée de mécontentement populaire en 1968, mais démissionna encore une fois en 1970. Il mourut l'année suivante. À la fin de sa vie, il était déjà devenu un personnage de légende.

Quelques faits importants
concernant la vie de Jeanne d'Arc

– ce n'était qu'une jeune paysanne
– elle vécut vers la fin de la guerre de Cent Ans
– à cette époque, la France était divisée entre "Français français" et "Français anglais"
– fut reçue par Charles VII à Chinon le 25 février 1429
– lui dit qu'il serait sacré à Reims : cette prédiction se réalisa le 17 juillet 1429
– prit part à des opérations militaires qui lui permirent de remporter plusieurs victoires sur les Anglais
– fut faite prisonnière à Compiègne
– condamnée à mort après avoir subi deux procès, et brûlée vive le 30 mai 1431
– réhabilitée en 1456
– canonisée en 1920

Conseils aux utilisateurs

Vous êtes élève ou étudiant et vous souhaitez progresser dans la maîtrise du français parlé.

À tour de rôle vous propose d'apprendre à communiquer par une série d'activités d'échanges.

À tour de rôle réunit deux participants (ou deux équipes) A et B et un animateur, le professeur.

À tour de rôle se compose donc de trois parties :

– une série de fiches **A** pour l'élève A,
– une série de fiches **B** pour l'élève B,
– au centre un guide d'utilisation réservé exclusivement au professeur*.

Règle du jeu

Mettez-vous par deux et choisissez la partie **A** ou **B** de votre livre.

En suivant les indications du professeur, chacun prend connaissance de sa fiche, où figurent des informations que l'autre n'a pas. Votre but est d'obtenir les renseignements qui vous manquent en interrogeant votre partenaire, pour trouver la solution au problème qui vous est posé.

Il est important, pour que les activités aient un sens, de respecter la règle du jeu : vous devez regarder seulement *votre* fiche, mais pas celle de votre partenaire.

À la fin, vous vérifiez avec l'autre que vous avez tous les deux les bonnes réponses.

* p. 51 (côté Fiches A)

3

Comment se présenter
et présenter quelqu'un

Première activité

Nom	Marc Blanchard	Annie Jacquemin	....	....
Âge	.......15 ans.........	.........14 ans.........	....	....
Pays d'origine	.....La France..........	......Le Canada.......	....	....

Deuxième activité

Nom	....	...André Martin..	....	..Roland Wallaert
Âge	........37 ans......	....	....	....
Métier	....	....	maîtresse de maison	......acteur ....
Pays d'origine	....Tahiti (France)...	La Guadeloupe (France)	....	.....La Belgique.......

Troisième activité

Nom : .... Âge : ....

Pays d'origine : .... Nationalité : ....

Groupe sanguin : ....

Résidence (dans votre pays d'origine) : ....

Nombre de personnes dans votre famille : ....

Mère	Père	Nombre de frères	Nombre de sœurs	Autre(s)
☐	☐	....	....	....

Profession du père : ....

Profession de la mère : ....

Encore au lycée ? ☐ oui ☐ non   Dernière année d'étude : ....

(si votre partenaire a terminé ses études secondaires :)

Profession : ....

ou

Études supérieures : ....

Combien de temps avez-vous étudié le français ?   ...... an(s)   .... mois

Centres d'intérêt : ....

Votre couleur préférée : ....

Pays étrangers visités : ....

Vos ambitions : ....

....

....

Comment demander et donner des renseignements personnels

Première activité

Regardez sur la page suivante **le coin en haut à gauche.**
À côté du numéro 1, inscrivez l'année où vous êtes allé pour la première fois à l'étranger.
À côté du numéro 2, écrivez le nom du plus bel endroit que vous ayiez jamais visité.
À côté du numéro 3, inscrivez ce que vous feriez si vous pouviez choisir n'importe quel métier.
Dans le cercle sous le numéro 3, inscrivez le prénom de votre meilleur(e) ami(e).

Regardez **le coin en bas à droite.**
À côté du numéro 4, inscrivez le nom du professeur de lycée ou d'université que vous aim(i)ez le moins ou que vous détest(i)ez le plus.
À côté du numéro 5, écrivez le nom de quelque chose (ou quelqu'un) qui vous fait peur.
À côté du numéro 6, inscrivez le prénom de la personne (vivante ou non) que vous admirez le plus.
Dans le cercle au-dessus du numéro 4, inscrivez le nom du pays que vous aimeriez le plus visiter.

Regardez **le coin en haut à droite.**
Dans le rectangle, inscrivez l'année où vous avez été le plus heureux/la plus heureuse.
Dans le cercle au-dessous, inscrivez ce que vous considérez être le nombre idéal d'enfants dans une famille.

Regardez **le coin en bas à gauche de la page :**
Dans le rectangle, inscrivez le nom de la ville ou du village où vous êtes né(e).
Dans le cercle au-dessus, inscrivez le nombre de personnes dans votre famille, vous y compris (personnes vivant avec vous).

Regardez **le grand rectangle au milieu de la page.**
Inscrivez-y votre signe zodiacal en lettres capitales. Votre signe zodiacal dépend de la période de l'année (voir ci-dessous) pendant laquelle vous êtes né(e) :

Bélier :	21 mars — 19 avril	Balance :	23 septembre — 23 octobre
Taureau :	20 avril — 20 mai	Scorpion :	24 octobre — 21 novembre
Gémeaux :	21 mai — 21 juin	Sagittaire :	22 novembre — 21 décembre
Cancer :	22 juin — 22 juillet	Capricorne :	22 décembre — 19 janvier
Lion :	23 juillet — 22 août	Verseau :	20 janvier — 18 février
Vierge :	23 août — 22 septembre	Poissons :	19 février — 20 mars

Dans les espaces vides (au-dessus des traits) autour du rectangle, décrivez trois choses que vous aimez faire.

1 ....

2 ....

3 ....

....

....

....

4 ....

5 ....

6 ....

Deuxième activité

Lisez la légende...

1 oui, toujours
2 oui, souvent
3 ça dépend
4 non, pas souvent
5 non, jamais

...et entourez le chiffre qui correspond à votre réponse.

Je peux me lever tôt le matin sans problème.	1 2 3 4 5
Je regarde au moins une émission de télévision ou j'écoute au moins un programme à la radio par soirée.	1 2 3 4 5
Je suis nerveux(se) quand je rencontre des gens pour la première fois.	1 2 3 4 5
Je fais attention à ce que je dépense et je mets de l'argent de côté.	1 2 3 4 5
Je m'ennuie quand je suis seul(e).	1 2 3 4 5
Je préfère être avec des personnes du sexe opposé qu'avec des personnes de mon sexe.	1 2 3 4 5
J'essaie de me tenir au courant des dernières nouvelles internationales.	1 2 3 4 5
Je suis contrarié(e) si les gens sont en retard.	1 2 3 4 5
Le week-end, je préfère sortir plutôt que de rester chez moi.	1 2 3 4 5
Je réfléchis longtemps avant de prendre une décision	1 2 3 4 5
J'essaie de me faire au minimum un ou deux nouveaux amis par an.	1 2 3 4 5
En été, je vais à l'étranger.	1 2 3 4 5
Je me rappelle le nom des gens auxquels on me présente.	1 2 3 4 5
Je fais des projets d'avenir.	1 2 3 4 5
Je trouve que le français est facile à apprendre.	1 2 3 4 5

3 Comment décrire des personnes

Première activité

	taille (grandeur)	corpulence	cheveux	yeux	particularités
Nicolas SOUCHON		mince	courts et bouclés		
Roger VIDAL	tout petit			verts	cicatrice au visage
Arlette FORMATIN	grande		blonds et longs		
Louise AUCLAIR		maigre		noisette	porte des bas rouges
Jérôme RADIGUET	petit	-	bruns et courts		fume des gros cigares
Christiane BLONDEL		forte		gris	

Deuxième activité

Quelles sont les trois personnes que *vous* devez aller chercher ?

Dites à votre partenaire d'aller chercher :

Didier : grand, mince
cheveux noirs et courts
lunettes
Vêtements portés : un blue-jean et un chandail
Objets tenus à la main : un sac
Et sous le bras : un journal

Solange : petite, mince
cheveux longs et châtain
Vêtements portés : une robe et une veste
Objets tenus à la main : un sac à main

Sylvain : grand, gros
cheveux blonds et courts
lunettes
Vêtements portés : un pantalon et un veston
Objet tenu à la main : une valise

Comment se renseigner sur la taille, le poids ou l'âge d'une personne ou d'une chose

Première activité

	Duralumen	Vistassonique	Haramatsu	Teleidossicht
Hauteur		33 cm		40 cm
Largeur		38 cm		40 cm
Longueur		41 cm		55 cm
Poids		12 kilos		15 kilos
Prix		3 200 F		5 700 F

Quel poste allez-vous choisir ?

Deuxième activité

Serge :	16 ans 1,83 m 57 kg
Gilles :	1,55 m
Bertrand :	15 ans 60 kg
Georgette :	13 ans 1,65 m
Nathalie :	 67 kg
Evelyne :	

5 Comment décrire des objets

Première activité

OBJETS TROUVÉS

Qui a perdu quel bagage ?

	Michèle	Raoul	Patrice	Gérard
Quelle forme ?	ronde			allongée
Quelle couleur ?		noire		noire et blanche
Quelle taille ? (grosseur ?)	petite		grosse	
Autres données		petite poignée	carreaux	

Deuxième activité

	Stéphane	Paul	Béatrice
Combien ?	3		2
Quelle forme ?		allongée	carrée
Quelle couleur ?		orange vif	
Quelle taille (grosseur) ?	petit		grand
En quoi ?	matière plastique		
Autres données		quatre roues	

Comment parler de ce que l'on possède

B
A

Première activité

Pascal   Annie   Gisèle   Myriam   Frédéric   Yvonne

Deuxième activité

✔ = volé(es)
⊞ = pas volé(es)

Les Jacquemard

argent	☐
bijoux	☐
vêtements	☐
platine stéréophonique	☐
meubles	☐

Les Simonet

poste de télévision	✔
tableaux	✔
argent	✔
caméra vidéo	⊞
bijoux	⊞

Les Benoît

argent	☐
micro-ordinateur	☐
blouson en cuir	☐
passeport	☐
carnet de chèques	☐
appareil-photo	☐

Les Denisot

bague en or	✔
manteau de fourrure	✔
argent	⊞
montre	⊞
poste de radio	✔
pendule ancienne	⊞

Comment localiser des objets

Première activité

Retrouvez les personnages et les objets manquants.

Deuxième activité

Complétez *votre* plan en y ajoutant là où *vous* voulez :

1 canapé

2 fauteuils

1 table de télévision et le poste qu'elle supporte

1 téléphone sur une petite table basse

1 cheminée

1 étagère à livres (bibliothèque)

2 plantes d'intérieur

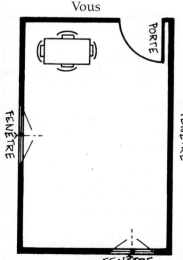

Vous

Votre partenaire

Quel est le meilleur des deux agencements ?

Comment décrire des lieux

Première activité

	STRASBOURG	PORT-AU-PRINCE	LOUVAIN	KOUROU
Dans quel pays ?	La France		La Belgique	
Quelle région ?	l'est			le nord-est
Combien d'habitants ?		500 000		10 000
Quel climat ?		tropical		chaud et humide
Quelle ambiance ?		majestueuse naturelle	animée commerciale	
Célèbre pour quoi ?	le Conseil de l'Europe		l'hôtel de ville, les universités	

Deuxième activité

ce que dit le voyagiste :

MONTFLEUR
en haute montagne
climat doux en été
calme
bons restaurants
magnifiques paysages

LES SABLES BLANCS
près de belles plages de sable
nombreux hôtels bon marché
climat chaud et sec
très peu de touristes
nombreux cafés et discothèques

BRIEL-SUR-MER
plages peu fréquentées
bons hôtels
beaucoup de restaurants
bon marché
beaucoup de jeunes gens
été long et chaud

ce que vous dites :

PORT-MARIN
plages sales
très chaud, il n'y pleut jamais
bruyant
prix raisonnables
aucun cinéma, deux cafés seulement

SAVIGNY-LES-BAINS
à 2 kilomètres du lac
il y pleut beaucoup
calme
hébergement bon marché
nis bus ni train

CAP D'AIGLE
plages de galets
beau temps en été
beaucoup de distractions le soir
beaucoup de personnes âgées
hôtels chers et de mauvaise qualité

Quel endroit allez-vous choisir ?

Comment demander et indiquer son chemin

Première activité

Les noms de dix des bâtiments, magasins ou surfaces qui figurent sur le plan ci-dessous n'y sont pas écrits. En voici la liste :

l'aire de stationnement	la librairie-papeterie
le fleuriste	la discothèque
la boucherie	la brasserie
le salon de coiffure	l'Hôtel Terminus
la (le bureau de) poste	la boulangerie-pâtisserie

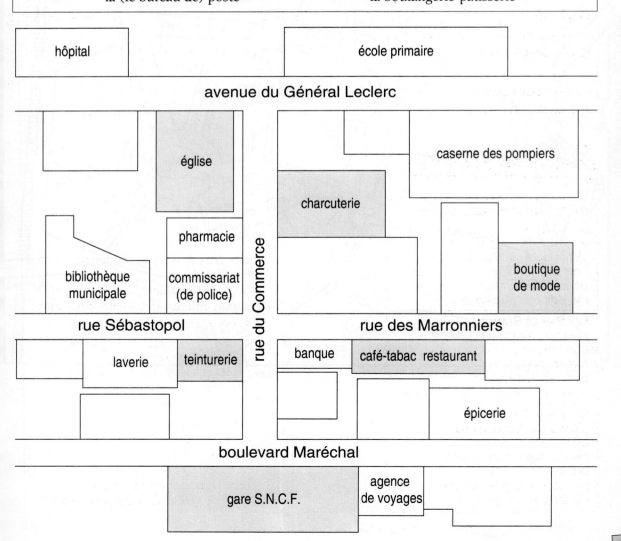

Deuxième et troisième activités

Demandez à votre partenaire comment se rendre :

a) chez le médecin depuis Castaigne   (inscrire 1 dans la case correspondante)
b) au restaurant depuis Briançon   (inscrire 2 dans la case correspondante)
c) chez le coiffeur depuis St-Jean-L'ermite (inscrire 3 dans la case correspondante)

Pontalais-sur-Sarpe

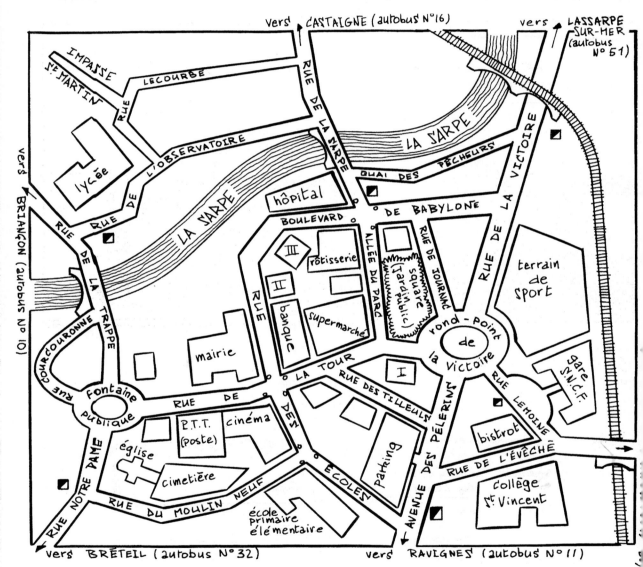

⚬ ⚬ ⚬ ⚬ feux de signalisation	I - cabinet du dentiste
◪ arrêt de bus	II - pharmacie
	III - crêperie

Décrivez à votre partenaire votre proposition de parcours pour le défilé du carnaval.
Quel est le meilleur parcours ?

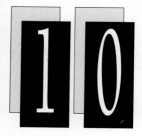

Comment décrire des actions ou des états simultanés

Première activité

Deuxième activité

Qui est l'assassin ?

Henriette	en train de dîner chez Daniel
Gilbert	en train de revoir son cours de physique à la maison
Janine	en train de dîner avec Lionel
Josette	en train de discuter avec Catherine
Maurice	(en visite) chez sa petite amie Thérèse
Christophe	en train de prendre un verre au café du coin

Sophie

Daniel

Catherine

Sylvie

Lionel

Thérèse

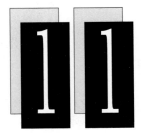

Comment demander les prix

Première activité

Deuxième activité

Café du Nord	
Boissons non alcoolisées	
Verre de lait	6 F
Coca-Cola	10 F
Orangina	12 F
Grenadine	7 F
Jus de raisin	11 F
Eau minérale (Evian, Vittel, Perrier)	10 F
Express	5 F
Café crème	10 F
Thé au citron	15 F
Sandwichs variés	
Jambon-beurre	12 F
Fromage	15 F
Pâté	16 F
Saucisson	14 F
Croque-monsieur	18 F

La Chope d'Argent
Boissons non alcoolisées
Express ....
Café crème ....
Thé au lait ....
Pepsi-Cola ....
Limonade ....
Diabolo menthe ....
Jus de pomme ....
Jus d'abricot ....
Sandwichs variés
Jambon (de Paris, de pays) ....
Saucisson ....
Rillettes ....
Fromage (gruyère, port-salut, cantal) .....
Croque-monsieur ....
Croque-madame ....

Quel café vous paraît être le plus économique ?

Comment décrire des actions quotidiennes

Première activité

Légende

1	oui, toujours
2	oui, habituellement
3	oui, souvent
4	oui, parfois
5	non, pas souvent
6	non, rarement
7	non, à peine
8	non, jamais

Renseignez-vous pour savoir si votre partenaire...

	1	2	3	4	5	6	7	8
...sort le week-end								
...se souvient de ses rêves								
...se couche avant 23 heures								
...prend du café pour son petit-déjeuner								
...ne fait pas ses devoirs								
...vient ici en bus								
...s'enrhume en hiver								
...porte des jeans à l'école (ou au travail)								
...se sent fatigué(e) le matin								
...déjeune au restaurant								
...lit un quotidien tous les jours								
...se sent nerveux(se) quand il/elle prend l'avion								
...lit avant de s'endormir								
...trouve facile de se faire des amis								
...oublie les numéros de téléphone des gens								

Deuxième activité

	Habib Énouf Conducteur de bus	Vincent Lemoine Cadre commercial	Édith Pinel Secrétaire	Geneviève Fayard Journaliste
Lever	6 heures		8 heures	
Petit déjeuner	6 h.45		8 h.30	
Heures de travail	7 h.30 5 h.30		9 heures 6 heures	
Déjeuner	midi, dans un café		1 heure, dans une brasserie ou un self	
Dîner	environ 3 heures après le travail		7 h.30	
Activités du soir	retrouve des copains au café		va au cinéma ou à des soirées	

heure de la réunion ....

Troisième activité

	Odile Vervoort Commerçante	Raphaël Orsini Garçon de café	Armand Giraudin	Chantal Fabre-Després
Lever				
Petit déjeuner				
Heures de travail				
Déjeuner				
Dîner				
Activités du soir				

heure de la réunion ....

13 Comment demander et donner l'heure

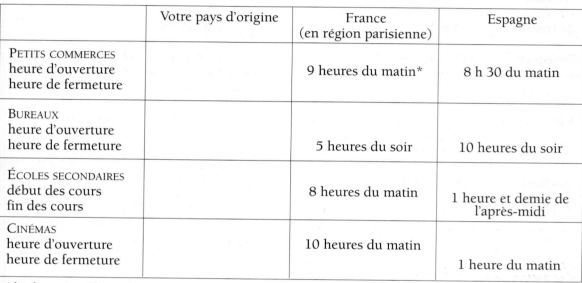

Première activité

	Votre pays d'origine	France (en région parisienne)	Espagne
PETITS COMMERCES heure d'ouverture heure de fermeture		9 heures du matin*	8 h 30 du matin
BUREAUX heure d'ouverture heure de fermeture		5 heures du soir	10 heures du soir
ÉCOLES SECONDAIRES début des cours fin des cours		8 heures du matin	1 heure et demie de l'après-midi
CINÉMAS heure d'ouverture heure de fermeture		10 heures du matin	1 heure du matin

* boulangeries : 7 heures du matin

Deuxième activité

AÉROPORT D'AMSTERDAM SCHIPOL

Arrivées	(le matin)
Paris	10 h 30
New York	9 h 00
Stockholm	
Dublin	
Londres	8 h 50
Hambourg	9 h 10
Venise	
Mexico	11 h 15
Ankara	
Malaga	

Départs	(le matin)
Madrid	10 h 25
Londres	
Lisbonne	
Washington	11 h 40
Rio de Janeiro	9 h 15
Oslo	
Paris	
Athènes	
Rome	10 h 05
Johannesburg	9 h 30

Combien d'avions atterrissent et décollent entre

a) neuf et dix heures du matin ?....................
b) dix et onze heures du matin ?....................

21

 **Comment demander des renseignements concernant un voyage**

Première activité

DE PARIS À	EN CAR		EN TRAIN		EN AVION	
	DURÉE	PRIX	DURÉE	PRIX	DURÉE	PRIX
Madrid	17 heures		13 heures			2 390 F
Londres		450 F		322 F	1 heure 05	
Rome			15 heures			2 630 F
Athènes	39 heures		36 heures			3 995 F
Lisbonne		570 F		699 F	2 heures 15	
Luxembourg	6 heures	135 F	3 heures 45			1 005 F

Deuxième activité

LYON-LONDRES	Train n° 1 (TGV, vendredi)	Train n° 2 (samedi)	Train n° 3 (dimanche)
Au départ de Heure de départ	Lyon Part-Dieu	Lyon-Perrache 8 h 24	
Arrivée à Paris Départ de Paris	17 h 05	12 h 16 13 h 12	
Traversée de la Manche : itinéraire moyen de transport durée	Boulogne - Douvres 40 minutes	Calais - Douvres ferry boat une heure et demie	
Arrivée à Londres		20 h 02	
Prix du voyage : en 1re classe en 2e classe	839 F	856 F 629 F	
Wagon-restaurant ?	après Paris seulement	oui	
Voiture-bar ?		non	
Couchettes ?		non	

Quel train allez-vous prendre avec votre partenaire ?

15 Comment faire des comparaisons

Première activité

1. **Quel pays est le plus grand ?**
   a) le Portugal
   b) l'Irlande
   c) l'Islande

   le Portugal : 92 000 km carrés
   l'Islande : 103 000 km carrés

2. **Dans quelle ville se trouve l'université la plus ancienne ?**
   a) Lisbonne
   b) Glasgow
   c) Montpellier
   d) Cologne

   Montpellier : ouverte en 1220
   Cologne : ouverte en 1388

3. **Quelle montagne est la plus haute ?**
   a) la Cordillère des Andes
   b) les Rocheuses
   c) la Chaîne de l'Atlas

   la Cordillère des Andes : 6 960 mètres

4. **Quel fleuve est le plus long ?**
   a) l'Amazone
   b) le Nil

   l'Amazone : 7 025 km

5. **Quel pays a la population la plus importante ?**
   a) la France
   b) l'Espagne
   c) l'Italie
   d) la Grande-Bretagne

   la France : 56 millions d'habitants
   la Grande-Bretagne : 57 millions d'habitants

6. **Quelle est la ville la plus éloignée de Paris ?**
   a) Madrid
   b) Rome

   Rome : 1 100 km en avion
           1 468 km en train

7. **Quel est l'océan le plus étendu ?**
   a) le Pacifique
   b) l'Atlantique
   c) l'océan Indien

   le Pacifique : 165,2 millions de km carrés

8. **Laquelle de ces villes est la plus grande ?**
   a) Bruxelles
   b) Genève
   c) Marseille

   Marseille : 1 100 000 habitants

9. **Quelle est la ville la plus chaude en été ?**
   a) Madrid
   b) Athènes

   Athènes : 27° C

10. **Quelle est la planète la plus grande ?**
    a) la Terre
    b) Vénus
    c) Mars

    Vénus : 12 000 km de diamètre
    Mars : 6 800 km de diamètre

Deuxième activité

Nom

		Éric			

Âge

Éric a un an de plus que Claire

Pierrette est plus forte que Claire et que Nathalie

Benoît aura 21 ans dans trois mois

La personne la plus grande a un an de moins que Benoît

Nathalie est la plus âgée des six (personnes) ; elle a trois ans de plus que Pierrette

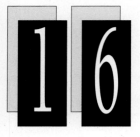

Comment exprimer
ses intentions et ses projets

Première activité

	Thierry	Bernadette	Olivier	Michel et Juliette	Nadine
Quel mois ?	juillet			juillet	
Combien de temps ?	deux semaines				une dizaine de jours
Quel pays ?		la Grèce	le Canada		la France
Quelle(s) ville(s) ?		(un terrain de camping près d') Athènes	Québec Chicoutimi Montréal Winnipeg		Cannes
Quel(s) moyen(s) de transport ?	en auto-stop ou en autocar			en avion	
Quel genre de logement ?		une tente	auberges de jeunesse	un bon hôtel	chez sa tante
Avec qui d'autre ?	sa petite amie	son gros chien			
Quels projets particuliers ?	manger des spaghetti, faire des promenades en gondole, aller danser.			voir leurs parents, acheter beaucoup de cadeaux	

Deuxième activité

L'ÎLE DE BEAURIVAGE

ROCHENOIRE · VILLEPLATE · ROSEVILLE · DEUX-RIVIÈRES · LA COLLINE-ROUSSE · CAP-OUEST · LEHAUTMONT · BELLEVUE · LAFALAISE

— ON PEUT :

LÉGENDE :
FAIRE DE LA PLONGÉE SOUS-MARINE — FAIRE DE L'ÉQUITATION
PRENDRE DES BAINS DE SOLEIL — ALLER À LA PÊCHE
FAIRE DE LA PLANCHE À VOILE — FAIRE DU SKI
FAIRE DU SKI NAUTIQUE — JOUER AU GOLF

	Vous	Votre partenaire
1. Où ? Combien de temps ? Dans quel but ?		
2. Où ? Combien de temps ? Dans quel but ?		
3. Où ? Combien de temps ? Dans quel but ?		
4. Où ? Combien de temps ? Dans quel but ?		

Troisième activité

Questionnaire "vacances d'été"

1 Lieu/pays : ....

2 Dates de vacances : ....

3 Durée du séjour : ....

4 Est-ce un séjour organisé ?   Oui / Non

5 Moyens de transport :   en avion   en voiture   en bateau
        en autocar   en train   autre : ....

6 Logement :   hôtel   chez l'habitant   auberge
auberge de jeunesse   caravane   tente   autre : ....

7 Qu'espérez-vous faire là-bas ?

se baigner   aller à la pêche   danser   jouer au tennis
    voir les curiosités   visiter les musées   se promener
        faire les boutiques   autre chose : ....

8 Qui vous accompagnera ?   ....

9 Coût de vos vacances :   ....FF

10 Pour quelles raisons avez-vous choisi de passer vos vacances de cette façon ?

....

....

Comment demander
ou commander quelque chose

B
A

Première activité

Votre magasin :

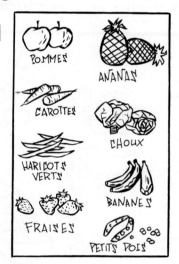

Liste d'achats
bouteille de vin
gros sachet de
pommes chips
gâteaux secs
biscuits
pot de Nescafé
fromage
confiture
sucre

Deuxième activité

Restaurant La Bohême
MENU
Entrée :
Plat principal :
Garniture :
Dessert :
Boisson :

Menu possible :

Entrées :
soupe de poisson
soupe de légumes
cocktail de crevettes
crudités
melon
œufs mayonnaise

Plat principal :
truite aux amandes
steak tartare
petit salé aux lentilles
omelette au lard
poule au riz
brandade de morue

Garniture :
frites
pommes de terre sautées
carottes

haricots verts
petits pois
salade verte

Desserts :
tarte aux pommes
glace
crème caramel
gâteau au chocolat
tarte au citron
fruit

Boissons :
bière
vin
Coca-Cola
jus de fruit
limonade
eau minérale

Comment donner des directives et demander des explications (1re partie)

Première activité

Vos deux recettes

Les deux recettes de votre partenaire.

LA POTION POUR DEVENIR INVISIBLE

Premièrement, mettez du lait dans une casserole.

Deuxièmement, ajoutez de la confiture de fraise.

Bien mélanger.

Ensuite, faites chauffer le lait et la confiture à feu doux.

Après cela, ajoutez une barre de chocolat.

Continuez à remuer.

Finalement, laissez refroidir la potion.

Buvez 2 verres juste avant de vous coucher.

LA GLACE POUR CHANGER D'IDENTITÉ

Premièrement, mettez du sucre dans un bol.

Puis, ajoutez le jus de 6 citrons et de 4 oranges.

Ensuite, ajoutez 6 œufs.

Après cela, laissez la préparation reposer au freezer pendant 24 heures.

Finalement, ajoutez de la crème fraîche et des noix.

Mangez lentement de petites quantités tôt le matin.

Deuxième activité

Remplissez les cases numérotées comme suit :

1 Dans la case n° 1 inscrivez la date d'hier.
2 Dans la case n° 4 inscrivez la couleur de vos cheveux.
3 Dans la case n° 7 inscrivez le jour de demain.
4 Dans la case n° 12 inscrivez le nombre 12.
5 Dans la case n° 13 inscrivez le mois actuel.
6 Dans la case n°17 inscrivez le nom de la capitale de l'Irlande.
7 Dans la case n° 19 inscrivez votre nom.

Comment donner des directives et des explications et obtenir des éclaircissements (2ᵉ partie)

Première activité

Origami

Origami est un mot japonais qui désigne l'art de plier du papier. Vous allez apprendre à votre partenaire comment faire un porte-monnaie en papier. Assurez-vous qu'il/elle comprend bien chaque étape.

1. Tout d'abord, pliez votre page en deux (horizontalement).
* *Tout d'abord, rabattez le haut de la page sur le bas de la page.*

2. Ensuite, dépliez-la et rabattez le bord supérieur sur la ligne du milieu.
* *Ensuite, dépliez-la. Puis repliez en la moitié entre la ligne centrale et le bord supérieur.*

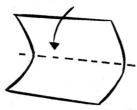

3. Rabattez le bord inférieur de la page sur le pli du milieu.
* *Faites la même chose avec le bord inférieur.*

4. Retournez la page pliée.

* *Retournez la feuille de papier.*

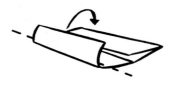

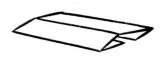

5. Faites un carré en repliant les côtés jusqu'au milieu.
* *Rabattez chaque côté (droit et gauche) sur la ligne du milieu.*

6. Finalement, pliez en deux en rabattant le bord supérieur sur le bord inférieur.
* *Pour finir, pliez le long de la ligne médiane. Les deux bords devraient se toucher.*

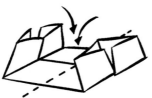

Maintenant, vous avez un petit porte-monnaie japonais en papier.

Deuxième activité

Île de Corsairix

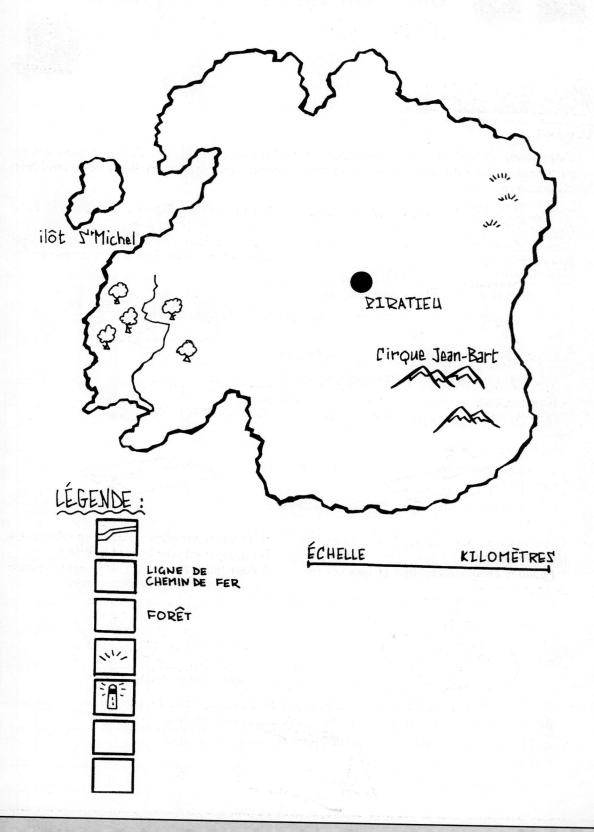

LÉGENDE :

LIGNE DE CHEMIN DE FER

FORÊT

ÉCHELLE   KILOMÈTRES

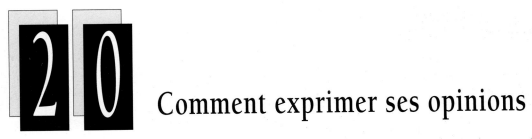

Comment exprimer ses opinions

Première activité

> **Légende**
> 1 Je pense que oui.
> 2 Non, je ne pense pas.
> 3 Je ne suis pas sûr(e).
> 4 Je n'en ai aucune idée.

	1	2	3	4
Le français est difficile à apprendre.				
Hommes et femmes seront égaux un jour.				
On peut dire beaucoup de choses sur une personne d'après ses vêtements.				
Le plus important dans un travail, c'est l'argent.				
Les chats sont de meilleurs compagnons que les chiens.				
C'est mieux de grandir à la ville qu'à la campagne.				
La musique classique est ennuyeuse.				
Il vaut mieux ne pas se marier avant d'avoir au moins 25 ans.				
Les enfants devraient s'occuper de leurs parents quand ils sont vieux.				
La musique pop est seulement pour les adolescents/jeunes.				
Il devrait être interdit de fumer dans les lieux publics.				
C'est un avantage d'être enfant unique.				
La politique, c'est très intéressant.				
Les gens sont plus heureux aujourd'hui qu'autrefois.				
Les fantômes, ovnis, etc, existent bel et bien.				
Tous les hommes devraient savoir cuisiner, coudre, s'occuper du ménage, etc.				
Les vedettes de musique, de cinéma et les athlètes professionnels gagnent beaucoup trop d'argent.				
Regarder la télévision est plus intéressant que lire des livres.				
Se marier et avoir des enfants est plus important pour une femme que pour un homme.				
Il n'y aura jamais de troisième guerre mondiale.				

Deuxième activité

1.	1 2 3 4 5
2. C'est un avantage d'être enfant unique.	1 2 3 4 5
3.	1 2 3 4 5
4. La plupart des hommes préfèrent avoir un garçon comme premier enfant.	1 2 3 4 5
5.	1 2 3 4 5
6. Le devoir de chaque personne est de prendre soin de ses parents lorsqu'ils sont vieux.	1 2 3 4 5
7.	1 2 3 4 5
8. La meilleure façon de punir un enfant est de ne plus lui donner d'argent de poche.	1 2 3 4 5
9.	1 2 3 4 5
10. Il n'est pas bon que les deux parents travaillent, s'ils ont de jeunes enfants.	1 2 3 4 5
11.	1 2 3 4 5
12. Les jeunes gens de moins de 18 ans* qui sortent le soir devraient toujours rentrer chez eux avant 23 heures.	1 2 3 4 5

* Les mineurs

Troisième activité

+ = est/sont d'accord

— = n'est pas/ne sont pas d'accord

	Antoine	Mireille	Leurs parents		Ton avis	Son avis
1. La scolarité devrait être obligatoire jusqu'à l'âge de 18 ans*.	+		+			
2. Les élèves des écoles secondaires devraient tous porter un uniforme.	—	—				
3. Les garçons et les filles devraient fréquenter des écoles différentes.			+			
4. Les élèves des écoles primaires et secondaires devraient avoir des devoirs à faire tous les jours.	—	+				
5. Les filles devraient apprendre à faire la cuisine, et les garçons à travailler le bois.	—		+			
6. On devrait commencer à apprendre une langue étrangère à l'école primaire.			—			
7. Les parents (ou tuteurs) devraient payer au moins 50 % des frais de scolarité des enfants dont ils ont la charge.		+				
8. Les élèves des collèges et lycées devraient avoir le droit de fumer.			—			
9. Les vacances d'été devraient être raccourcies.		—				
10. Les élèves des collèges et lycées devraient avoir à passer des examens tous les trimestres.	+	+				

* La majorité

Opinions	1	2	3	4	5	6	7	8	9	10
Nombre de ceux qui ne sont pas d'accord										
Nombre de ceux qui sont d'accord										

Comment exprimer
ses goûts et ses préférences,
ses sympathies et ses antipathies

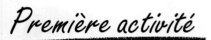

Demande à ton partenaire les préférences des autres.

Edouard	le football + le rugby le tennis	la viande + le poisson les œufs	le vin la bière le pastis	aller en boîte * aller au restaurant écouter de la musique
Ahmed	le vin la bière le pastis	aller en boîte aller au restaurant écouter de la musique +	la viande + le poisson les œufs	le football le rugby le tennis
Guillaume	aller en boîte aller au restaurant écouter de la musique	le vin + la bière le pastis	le football le rugby le tennis	la viande le poisson + les œufs
Marcel	le vin la bière le pastis +	le football le rugby le tennis	la viande le poisson les œufs	aller en boîte aller au restaurant + écouter de la musique
Dominique	la viande le poisson les œufs	aller en boîte aller au restaurant écouter de la musique	le vin la bière + le pastis	le football le rugby + le tennis

le sport préféré [ ]   et la boisson [ ] préférés du groupe

la nourriture [ ]   et l'activité du soir [ ] préférées du groupe

* danser dans une discothèque

Deuxième activité

		Vous		Maryse	Germaine	Xavier	Régis
Boisson	Jus de fruits						✓
	Coca-Cola				✓		
	Limonade						
Nourriture	Pommes chips						
	Petits fours					✓	
	Sandwichs						✓
Musique	Rock						
	Pop			✓			
	Folklore						

Nourriture .... Boisson .... Musique ....

Troisième activité

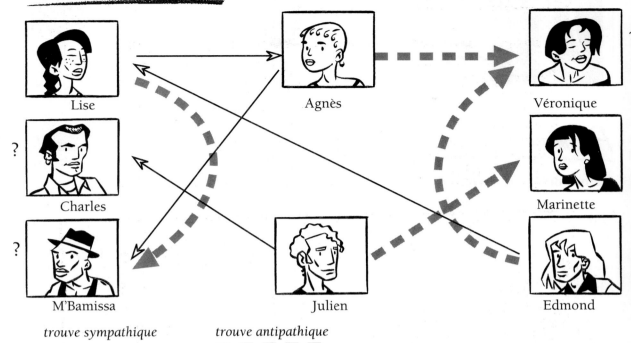

Lise   Agnès   Véronique

? Charles   Marinette

? M'Bamissa   Julien   Edmond

trouve sympathique   *trouve antipathique*

Quatrième activité

Hervé Léotard
28 ans
Enseignant

Luc Marchandiau
27 ans
Représentant

Paulette Bourassin
25 ans
Secrétaire

Émmanuelle Sestrier
23 ans
Hôtesse de l'air

Est-ce qu'ils aiment :	Luc	Hervé	Paulette	Émmanuelle
manger au restaurant ?		*non*	*oui*	
écouter de la musique ?	*beaucoup*			*pas du tout*
regarder la télé ?		*oui*		*pas tellement*
faire des voyages ?	*non*		*pas du tout*	
faire du sport ?	*oui*	*énormément*		
se lever de bonne heure ?			*pas tellement*	*oui*
se promener à pied ?	*pas du tout*	*beaucoup*		
se baigner ?			*pas du tout*	*beaucoup*

Cinquième activité

Voici les genres d'émissions de radio et de télévision les plus courants :

Informations	Feuilletons
Débats	Pièces de théâtre
Jeux télévisés	Films policiers
Musique pop	Divertissements
Comédies	Emissions pour enfants
Documentaires	Variétés
Musique classique	Sports

Comment exprimer l'accord ou le désaccord

Première activité

Westerns	*ennuyeux* *passionnant* *intéressant* ....
Dessins animés	*fascinant* *bête* *drôle* ....
Informations	*excellent* *sans intérêt* *bien* ....
Jeux de questions et réponses	*amusant* *assommant* *acceptable* ....
Films d'horreur	*détestable* *fascinant* *ennuyeux* ....

Variétés	*divertissant* *bien* *génial* ....
Films policiers	*sensationnel* *intéressant* *mauvais* ....
Émissions politiques	*sans intérêt* *bien* *détestable* ....
Sports	*pas mal* *ennuyeux* *vraiment bien* ....
Documentaires	*excellent* *assommant* *acceptable* ....

Deuxième activité

	Mme Andrieu	M. Saint-Yves	Mlle Guillemin	Note méritée
Raymond	*Moyen*			
Mélanie	*Très bon travail*			
Yannick	*Faible*		*Passable*	
Gabriel	*Fainéant*		*Assez bien*	
Liliane	*Passable*			
Diégo	*Travailleur*		*Bien*	
Huguette	*Paresseuse*		*Moyen*	
Réjane	*Bien*			
Fabrice	*Passable*		*Très bon travail*	

Comment parler de faits situés dans le passé (1re partie)

Première activité

	Assassinats	Agressions et enlèvements	Effractions et cambriolages	Vols
Trigagnon	Hommes : Femmes : 1 Enfants et adolescents :	Hommes : 10 Femmes : Enfants et adolescents : 17	Maisons particulières : Magasins : Banques : 4	Voitures : 472 Camionnettes : Bicyclettes : 503
Coulormiers	Enfants et adolescents : 1 Hommes : 1 Femmes :	Enfants et adolescents : 19 Hommes : Femmes :	Banques : 2 Maisons particulières : 110 Magasins :	Bicyclettes : Voitures : Camionnettes : 27

Dans quelle ville a-t-on commis le plus de délits ? ....

Deuxième activité

La tribu des voracites

1	2	3	4
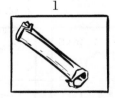			

Nom ? ....

Trouvé(e) où ? .... *dans le vieux quartier de la ville* ....

Fait(e) en/avec quoi ? .... *silex* ....

Servait à quoi ? .... *faire du feu* ....

La tribu des Bolurons

5	6	7	8
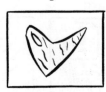			

Nom ? ....

Trouvé(e) où ? ....

Fait(e) en/avec quoi ? ....

Servait à quoi ? ....

Comment faire un récit

Première activité

Saviez-vous qu'ils ont été les premiers à faire le tour de la terre ?

Noms et nationalités des explorateurs	Dates et points de départ		Régions explorées		Aventures	Dates de retour (pour ceux qui sont revenus !)
	Année	Ville	Pays	Année		
Jean Le Monde (français)	1 415	Bordeaux				s'est noyé en Inde (1417)
John O'World (irlandais)				1421 1424	a rencontré des cannibales près de l'Amazone	
Jan Wereld (hollandais)			Inde Australie	1431 1433	a épousé une princesse indienne	
João Mundo (portugais)	1 425	Lisbonne		1426 1428		1430

Deuxième activité

Racontez cette histoire à votre partenaire

Écoutez le récit de votre partenaire et retrouvez l'ordre.

Comment justifier
des actes ou un comportement

Première activité

Tous en retard ! Pourquoi ?

Marie-France	
Sandrine	
Éliane	est tombée de (son) vélo
Raymonde	a oublié qu'il y avait (un/des) cours aujourd'hui
Nadine	
Gilberte	la voiture de sa mère est tombée en panne
Lisette	
Pascale	a eu un malaise

Félix	
Alain	a dû aller chez le dentiste
Denis	s'est réveillé trop tard
Jean-François	
Simon	a manqué son autobus
Christian	
Bernard	son autobus était en retard
Thomas	

Deuxième activité

Légende
+ = peut venir
− = ne peut pas venir

Vous êtes invité(e) à dîner chez Laurent samedi, à 19 heures 30.

Jacques − *en voyage d'affaires*
Philippe et Valérie − *doivent assister à une réunion de famille*
Yves et Anne-Marie + ...
Myriam − ....
Christine − ....
Simone + ...
Patrick et Monique − ....
Caroline − ....
Jean-Marc + ...
Émile − ....

Annabelle ....
René et Martine ....
Lucien ....
Ginette ....
Françoise ....
Pierre et Colette ....
Marguerite ....
Louis ....
Laurent et Marie-Claire ....
Charlotte ....

Comment inviter et accepter ou refuser une invitation

Première activité

	Matin	Après-midi	Soir
Dimanche	aller à la messe		aller au concert avec Pauline
Lundi		rendez-vous en ville avec Marie-Thérèse	
Mardi	ma leçon d'allemand		
Mercredi		aller passer une visite médicale	aller au théâtre avec Yolande
Jeudi			
Vendredi	ma leçon de conduite		
Samedi	aller au marché		rendez-vous au restaurant avec Hugues

Invitez votre partenaire à :
Matin :
prendre un pot au café

faire une promenade dans les bois

Après-midi :
(venir) écouter des disques chez vous

visiter le château

Soir :
dîner au restaurant

(venir à) la soirée que vous allez donner

Deuxième activité

Vous : Le téléphone sonne et vous répondez : (donnez votre nom ou indiquez votre numéro de téléphone)

Votre partenaire : ....

Vous : Oh, bonjour, ... (donnez le nom de votre partenaire) Comment vas-tu ?

Votre partenaire : ....

Vous : ... (réponse)

Votre partenaire : ....

Vous : Oui, j'aimerais bien. (demandez à B quand il/elle aimerait y aller)

Votre partenaire : ....

Vous : (répétez le jour) ? J'ai bien peur de ne pas pouvoir. (expliquez pourquoi) Mais qu'est-ce que tu penses de ... (suggérez le jeudi ou le vendredi à la place) ? Je suis libre ce jour-là.

Votre partenaire : ....

Vous : Bien. (demandez à B à quelle heure)

Votre partenaire : ....

Vous : Oui, d'accord. Où est-ce qu'on se retrouve ?

Votre partenaire : ....

Vous : Très bien.

Votre partenaire : ....

Vous : D'accord. je trouve ça très chouette.

Votre partenaire : ....

Vous : (dites au revoir et remerciez B de son appel)

Remplissez votre agenda : aller au cinéma avec ... Rendez-vous à ... (heure/lieu)

Votre agenda pour la semaine prochaine (soirées)

Lundi

partie de squash 19 h 30

Mardi

oncle Jean et tante Pierrette : rendez-vous chez eux à 19 heures

Mercredi

soirée chez Sophie   20 h 15

Jeudi

Vendredi

Comment suggérer et répondre à des suggestions

Première activité

Qu'est-ce qui leur ferait plaisir pour leur anniversaire ?

Oncle Alfred (mercredi prochain)
Suggestions : a) une boîte de chocolats
                b) un stylo
                c) un chapeau
	Muriel et Laurence, les jumelles
	leur électrophone est cassé
	n'ont pas le temps de lire
	aiment voir des pièces de théâtre

Isabelle (lundi prochain)
Suggestions : a) un bracelet
                b) des fleurs
                c) une perruche
	Guy
	n'aime ni la bière ni le vin
	n'aime que la musique pop
	adore les courses automobiles

Stéphanie (vendredi prochain)
Suggestions : a) du parfum
                b) un sac à main
                c) une raquette de tennis
	Joséphine
	a déjà beaucoup de plantes
	a trois chats
	aime les parfums chers

Deuxième activité

1re chaîne

18.00	Parlez-vous français ?
18.45	Top 50
19.30	Apostrophe
20.00	Journal de la Une
20.20	Chevalier de l'espace (science-fiction)
21.00	La panthère rose (dessin animé)
21.30	Miss Monde
22.30	Prélude à la nuit

2e chaîne

18.00	Dynamo (magazine)
18.45	Dessins animés
19.30	L'ambassadrice (feuilleton)
20.00	Parlez-vous français ?
20.20	Concours de l'Eurovision 1re partie (chansons)
21.00	Informations
21.30	Concours de l'Eurovision 2e partie (chansons)
22.30	Histoires à dormir debout

3e chaîne

18.00	Le Journal
18.45	Sport autos
19.30	Le continent noir (documentaire)
20.00	La Roue de la Fortune (jeu)
20.20	Les cinq dernières minutes (espionnage)
21.00	Musique au cœur (concert)
21.30	Football
22.30	Étoiles et toiles

Choisissez votre programme de 18.00 à 22 h 30, puis comparez avec votre partenaire.

Heure	Vous	Votre partenaire	Choix final
18.00			
18.45			
19.30			
20.00			

Heure	Vous	Votre partenaire	Choix final
20.20			
21.00			
21.30			
22.30			

Comment demander
et donner un (des) conseil(s)

Première activité

Que leur conseille leur horoscope ? Et celui de votre partenaire, et vous ?

	Travail	Santé	Argent	Loisirs
Brigitte	arrêtez de vous surmener	détendez-vous	faites davantage d'économies	sortez plus souvent
Rémy				
Clément	faites preuve de plus d'assiduité	faites davantage de sport	faites moins de dépenses	rendez visite à des amis
Francine				
Odette	commencez à l'heure	arrêtez de fumer	déposez votre argent à la banque	passez moins de temps à regarder la télévision
Bruno				

Deuxième activité

Vous êtes inquiet, confiez-vous

I - *Votre famille va aller vivre en Normandie l'année prochaine. Vous irez dans une école française. Vous êtes inquiet(ète) parce que :*
1. Vous ne parlez pas très bien le français.
2. Vous ne voulez pas quitter vos amis.
3. Il pleut beaucoup en Normandie.
4. ....

II - *On vous a offert un rôle dans un film tourné dans la jungle.*
Vous êtes inquiet(ète) parce que :
1. Vous détestez les climats chauds.
2. Il y a sûrement beaucoup d'insectes.
3. Ça peut être dangereux.
4. ....

Réconfortez et conseillez votre partenaire

Conseils éventuels à donner à votre ami(e)
– essayer de la lui apprendre
– parler lentement
– être très gentille avec elle
– lui proposer de sortir avec vous
– la présenter à vos amis
– lui faire un plan de la ville

Conseils éventuels à donner à votre ami(e)
– apprenez à nager
– emmenez un gilet de sauvetage
– emmenez des tas de livres
– tenez un journal
– écrivez des lettres
– téléphonez à chaque fois que vous êtes dans un port

Comment exprimer les degrés de certitude

Première activité

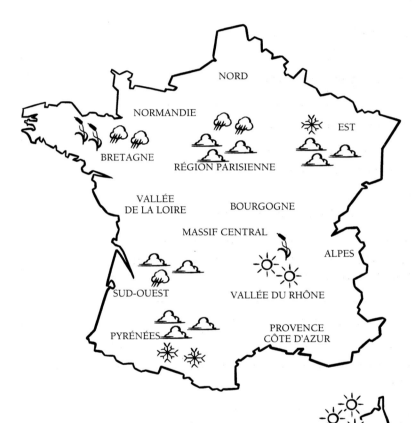

Légende	Possible	Probable		Certain
Soleil	☼	☼	☼	☼ ☼ ☼
Nuages	☁	☁	☁	☁ ☁ ☁
Pluie	☔	☔	☔	☔ ☔ ☔
Vent	🍃	🍃	🍃	🍃 🍃 🍃
Neige	❄	❄	❄	❄ ❄ ❄

Deuxième activité

Avant l'an 2050.... ?

Légende :
1 = sûr et certain
2 = presque certain
3 = probable
4 = possible
5 = peu probable
6 = impossible

	Vous	Votre partenaire

1 Tout le monde parlera la même langue.

2 ....

3 Il n'y aura plus de pauvreté dans le monde.

4 ....

5 Une guerre atomique sera déclenchée.

6 ....

7 Chaque famille possédera une voiture.

8 ....

9 Les enfants seront heureux d'aller à l'école.

10 ....

11 Quand on téléphonera à quelqu'un, on verra simulta-
nément son image sur un écran.

12 ....

13 L'énergie solaire aura remplacé le pétrole.

14 ....

15 Un ovni ou une soucoupe volante se posera près d'une
grande ville.

16 ....

17 La Grande-Bretagne aura un président au lieu d'un roi
ou d'une reine.

18 ....

Comment parler de faits situés dans le passé (2e *partie*) et comment interrompre poliment pour corriger.

Première activité

Les dinosaures

Dinosaure est le nom qui désigne une espèce de reptiles disparus. Ce mot vient du latin et signifie "terrible lézard". Certains dinosaures étaient gigantesques. Les plus grands mesuraient 24 m de long et pesaient 20 tonnes. D'autres étaient plus petits. On a trouvé des dinosaures uniquement en Europe et en Amérique du Nord. Ils avaient des têtes énormes, de longues queues et des corps immenses. Ils ne mangeaient jamais de viande et vivaient la plupart du temps sur terre.

Quelques faits importants concernant les pingouins

– vivent dans l'eau sauf quand ils ont des petits
– les mères pingouins pondent 2 œufs
– pingouin empereur : plus d'un mètre de haut
– plumes blanches et noires
– taches jaunes sur la tête

Deuxième activité

Jeanne d'Arc

La période pendant laquelle Jeanne d'Arc a vécu précède la fin des guerres de Religion. Jeanne d'Arc était une jeune aristocrate très pieuse qui a ressenti avec beaucoup d'intensité le drame de la France divisée entre "Catholiques" et "Protestants". Au mois d'août 1589, elle alla trouver Henri de Navarre à Domrémy et lui dit qu'elle allait le faire sacrer à Paris roi légitime de France. Elle participa ensuite aux opérations militaires qui permirent au roi de remporter une grande victoire sur les Huguenots. Le roi fut sacré par l'archevêque de Reims en 1598, mais Jeanne d'Arc fut faite prisonnière à La Charité-sur-Loire et livrée à un tribunal de l'Inquisition. On l'accusa d'hérésie. Après un long procès, elle fut déclarée coupable, puis brûlée vive sur la place du Vieux Marché à Rouen, au mois de mai 1610. Elle fut réhabilitée quinze ans plus tard et canonisée par l'église catholique en 1802. Jeanne d'Arc est l'héroïne de plusieurs opéras, de pièces de théâtre et aussi de films.

**Quelques faits importants
concernant la vie de Charles de Gaulle**

– né à Lille en 1890
– sortit de la Grande École militaire de Saint-Cyr
– fait prisonnier pendant la Première Guerre mondiale, il ne
  réussit pas à s'évader
– réfugié à Londres en 1940, avec une poignée de Français
– partit pour l'Afrique du Nord en 1943 : il y aida les troupes
  alliées à remporter plusieurs victoires
– ne put participer au débarquement de Normandie
– entra triomphalement dans Paris libéré le 25 août 1944
–élu Président du gouvernement provisoire de la République en 1945
– démission en 1946
– cessa de participer à la vie politique française en 1953
– rappelé au pouvoir en 1958
– mit fin à la guerre d'Algérie quatre ans plus tard
– démission en 1969
– décédé en 1970

À TOUR DE RÔLE

Guide d'utilisation

(réservé au professeur)

Introduction

À tour de rôle est conçu pour des adolescents ou des adultes qui commencent à s'exprimer en français.

Les soixante-huit activités principales proposées ici sont des exercices de communication correspondant à une quarantaine de domaines langagiers importants. Elles impliquent fortement l'apprenant dans un échange verbal en l'amenant à obtenir par le dialogue des informations qui lui manquent.

La recherche d'une solution stimule l'intérêt des participants et les amène à développer leur faculté d'expression orale.

À tour de rôle n'est pas un "cours" en soi mais propose une série d'activités pratiques destinées à compléter un bon manuel. Ces activités sont équivalentes à un minimum de quinze heures de production orale continue par apprenant.

Chaque section contient entre deux et cinq activités organisées autour d'une catégorie d'actes de parole usuels.

La plupart des exercices peuvent être faits dans un ordre indifférent : les derniers ne sont pas nécessairement plus difficiles que les premiers. Par sa souplesse, cet ensemble pédagogique est un support qui permet des emplois multiples au gré de l'enseignant.

Les objectifs de À tour de rôle

• donner aux apprenants les moyens de s'exprimer sans se référer d'une manière explicite à des règles de grammaire,
• permettre à tous les apprenants de parler un maximum de temps,
• rendre les locuteurs capables de réutiliser à l'écrit le vocabulaire et les structures acquises.

Les fiches-élèves

Elles sont groupées en deux parties A et B, parce que les activités doivent être pratiquées par deux personnes en face à face. Ces parties contiennent respectivement la version A et la version B d'un canevas commun, chaque version contenant les informations qui manquent dans l'autre.

Le travail de l'apprenant consiste d'abord à "boucher les trous" de son information, par exemple pour compléter un tableau ou un schéma, en interrogeant son partenaire. Les apprenants s'interrogent à tour de rôle et inscrivent les renseignements dans leur livre.

Pour varier les procédures ou s'adapter au niveau des apprenants, l'enseignant pourra organiser le jeu des questions et des réponses par groupes ; il est cependant souhaitable que la pratique de la langue devienne très vite aussi spontanée, individuelle et proche de la réalité qu'il est possible en classe.

Le guide d'utilisation

À chaque fiche des apprenants correspondent des explications et suggestions réparties en trois ensembles :

• **Boîte à outils**

Une liste de structures phrastiques dont les locuteurs pourront faire usage. Cette liste n'est qu'un point de départ.

• **Démarche à suivre**

Il s'agit du mode d'emploi proprement dit de l'activité. Ce n'est qu'une proposition, les activités permettant d'autres emplois, au choix des enseignants.

• **Travail complémentaire**

Il s'agit le plus souvent de petits devoirs facultatifs que les apprenants feront par écrit en réemployant les acquis des exercices oraux. Certains "travaux complémentaires" pourront être exploités oralement après avoir été faits par écrit.

La bonne manière d'utiliser À tour de rôle

1. Examiner les directives données dans le Guide d'utilisation avant d'aller en classe. Cela est indispensable, car le mode de fonctionnement d'un exercice n'est pas toujours évident si on se réfère exclusivement aux fiches-élèves.

2. Après avoir choisi le ou les exercices, faire une liste de mots, expressions et structures phrastiques qu'il faudrait d'abord expliquer en classe afin de faciliter les échanges.

3. Demander aux élèves de se grouper par deux. Vérifier que les apprenants savent bien qui est leur partenaire et quelle partie de leur livre – A ou B – ils sont censés utiliser.

4. S'assurer que tout le monde a bien compris les explications avant que le dialogue ne commence. Au besoin, jouer soi-même un des rôles à titre d'exemple, ou traduire.

5. Quand les échanges ont commencé, se déplacer continuellement dans la salle de classe, écouter avec attention, encourager et aider uniquement ceux qui semblent en avoir le plus besoin. Limiter ses interventions et prendre des notes : c'est l'occasion ou jamais de se rendre compte si les étudiants ont atteint les objectifs de communication visés.

1 COMMENT SE PRÉSENTER ET PRÉSENTER QUELQU'UN

Cette section introductive devrait permettre aux apprenants de faire rapidement connaissance. L'enseignant, quant à lui, pourra à la fois noter les différences, s'il y en a, entre les niveaux de compétence de chaque individu et évaluer globalement les besoins d'un groupe particulier d'apprenants. Les trois premiers exercices ainsi que ceux de la fiche suivante qui en constituent le prolongement permettent de tester le niveau des élèves tout en faisant connaissance.

Première activité

> • Comment vous appelez-vous (t'appelles-tu) ?　　→ Je m'appelle...
> • Quel est votre nom (ton nom) ?　　→ Mon nom (c') est ...
> • D'où êtes-vous (es-tu) ?　　→ Je suis de ...
> • D'où venez-vous (viens-tu) ?　　→ Je viens de ...
> • Quel âge avez-vous (as-tu) ?　　→ J'ai ... ans.

DÉMARCHE À SUIVRE

1. Demander aux apprenants de se mettre deux par deux. Dans chaque groupe dites à l'un des apprenants de se servir de la fiche A et à l'autre de se servir de la fiche B. Dites-leur de ne pas regarder dans le livre de l'autre. Cette consigne est valable pour l'ensemble des activités de *À tour de rôle*.

2. Les apprenants regarderont les quatre photographies. Pour répondre aux questions de leur partenaire, ils feront semblant d'être l'une ou l'autre des deux personnes sur lesquelles ils possèdent des renseignements :

> *B : Quel est ton nom ?*
> *A : Je m'appelle Marc Blanchard, etc.*

3. Les apprenants continueront à se poser des questions et à se répondre à tour de rôle et inscriront les réponses dans leur livre.

4. Quand ils auront terminé, ils vérifieront leurs renseignements en se montrant leur livre.

TRAVAIL COMPLÉMENTAIRE

Les apprenants se décriront eux-mêmes, oralement ou par écrit, en donnant le même type de renseignements.

Deuxième activité

> • Quel est son nom ?/Comment (il/elle) s'appelle ?　　→ Il/Elle s'appelle ...
> • D'où est-il/elle (originaire) ?　　→ Il/Elle est (originaire) de ...
> • Quel âge a-t-il/elle ?　　→ Il/Elle a...
> • Quelle est sa profession ?/Que fait-il/elle (dans la vie) ?　　→ Il/Elle est ...

DÉMARCHE À SUIVRE

1. Les apprenants regarderont les quatre dessins et trouveront les noms qu'ils ne connaissent pas en les demandant à leur partenaire :

> *B : Comment s'appelle l'homme qu'on voit sur le deuxième dessin ?*
> *A : André Martin, etc.*

2. Ensuite, ils se poseront des questions sur les quatre personnes et inscriront les renseignements manquants dans leur livre :

> *A : Quel âge a André Martin ?*
> *B : Il a 32 ans, etc.*

3. Quand ils auront terminé, ils vérifieront leurs renseignements en se montrant leur livre.

TRAVAIL COMPLÉMENTAIRE

Soit les apprenants utiliseront les renseignements du tableau pour faire par écrit la description d'une ou deux personnes, soit vous leur demanderez de faire la description d'amis ou de membres de leur famille.

Troisième activité

> • Comment est-ce que vous vous appelez (tu t'appelles) ? → Je m'appelle ...
>
> • Quel est votre/ton nom, prénom ? → Mon nom, prénom est ...
>
> • De quelle région, de quel pays êtes-vous (es-tu) ? → Je suis de ...
>
> • Est-ce que vous avez (tu as) un frère ou une sœur ? → Non, je n'en ai pas./Oui, j'ai ...
>
> • Que fait, quelle profession exerce votre père (ton père) ? → Mon père (il) est ...
>
> • Ça fait combien de temps que vous apprenez (tu apprends) le français ? → Ça fait environ ...

DÉMARCHE À SUIVRE

1. Les rubriques encadrées vont permettre aux apprenants d'établir la fiche d'identité de leur partenaire. Ils se poseront des questions à tour de rôle (une question par rubrique) afin d'obtenir les renseignements dont ils ont besoin pour remplir la fiche :

> A : *Depuis combien de temps est-ce que tu apprends le français ?*
>
> B : *Depuis un an, etc.*

2. Quand les apprenants auront terminé l'exercice, ils vérifieront leurs renseignements en se montrant leur livre.

TRAVAIL COMPLÉMENTAIRE

Les apprenants se serviront des renseignements qu'ils auront obtenus pour présenter leur partenaire à une partie de la classe ou à toute la classe. Ils pourront préparer cette présentation orale par écrit, en classe ou chez eux.

2 COMMENT DEMANDER ET DONNER DES RENSEIGNEMENTS PERSONNELS

Première activité

> • Que veut dire cette date ? → C'est quand.../C'est l'année où...
>
> • Qui est cette personne ? → C'est le/la ... mon/ma ...

DÉMARCHE À SUIVRE

1. Les apprenants liront toutes les directives et noteront ce qu'on leur demande sur la page suivante.

2. Quand ils auront terminé ce travail, ils échangeront leur livre. Chaque personne devra lire ce qu'aura écrit son/sa partenaire et lui posera le plus de questions possible pour en déchiffrer le sens :

> A : *Que veut dire ce chiffre ici ?/Que veut dire le chiffre que tu as écrit ici (à l'intérieur du cercle qui se trouve sous le rectangle en haut à droite) ?*
>
> B : *Ça, à mon avis, c'est le meilleur âge pour se marier/l'âge qu'on devrait avoir quand on se marie, etc.*

3. Étape facultative (nécessaire pour le travail complémentaire suggéré après la deuxième activité).

Les apprenants noteront les réponses de leur partenaire sur une feuille de papier et vérifieront ensuite avec lui/elle si les renseignements obtenus sont corrects.

Deuxième activité

> • Pourquoi est-ce que vous n'aimez (tu n'aimes) pas regarder la télévision ? → Parce que...

DÉMARCHE À SUIVRE

1. Les apprenants liront les phrases encadrées et se serviront de la légende pour entourer le chiffre qui correspond le mieux, dans chaque cas, à leur comportement habituel.

2. Quand ils auront fini ce travail, ils compareront leurs réponses et en discuteront tout en justifiant leur comportement :

> A : *Pourquoi est-ce que vous préférez rester chez vous le samedi ?*
>
> B : *Parce que j'aime lire et que je n'ai pas le temps de lire les autres jours.*

3. Étape facultative (nécessaire pour le travail complémentaire)

Les apprenants noteront les réponses de leur partenaire sur une feuille de papier et vérifieront ensuite avec lui/elle si les renseignements obtenus sont corrects.

TRAVAIL COMPLÉMENTAIRE

Les apprenants se serviront des renseignements qu'ils auront obtenus à l'issue d'une ou des deux activités qui précèdent pour présenter leur partenaire à une partie de la classe ou à toute la classe. Ils pourront préparer cette présentation orale par écrit, en classe ou chez eux.

3 COMMENT DÉCRIRE DES PERSONNES

Première activité

> • Comment est-il/elle   → Il/Elle est.../Il/Elle a...

DÉMARCHE À SUIVRE

1. Expliquez aux apprenants que les six personnages sont tous des criminels recherchés par la police. Ils imagineront qu'ils ont réellement vu chacun d'eux, mais au moment où la police les a interrogés, ils ne se sont rappelé que quelques détails de leur apparence. Les apprenants se poseront des questions à tour de rôle pour découvrir les renseignements manquants :

> A : *Comment est Nicolas Souchon ?*
>
> B : *Il est grand, il a des yeux marron, etc.*

Ils inscriront les réponses dans leur livre.

2. Quand les apprenants auront terminé l'exercice, ils vérifieront leurs renseignements en se montrant leur livre.

TRAVAIL COMPLÉMENTAIRE

Les apprenants utiliseront les renseignements du tableau pour décrire brièvement et par écrit deux criminels de leur choix parmi les six.

Deuxième activité

- Quels vêtements a-t-il/elle ? → Il/Elle a...
- Qu'est-ce qu'il/elle porte ? → Il/Elle porte...
- Que porte-t-il/elle à la main ? → Il/Elle porte ... à la main
- Que tient-il/elle à la main ? → Il/Elle tient ... à la main
- Qu'est-ce qu'il/elle a sous le bras ? → Il/Elle a ... sous le bras.
  (au futur = aura, portera, tiendra)

DÉMARCHE À SUIVRE

1. Les apprenants imagineront qu'ils ont convenu d'aller accueillir à l'aéroport trois amis de leur partenaire qui arrivent de Montréal, mais qu'ils ne connaissent pas. Expliquez-leur que les dessins de ces trois personnes se trouvent parmi les six figurant à gauche de la page. Comme ils ne connaissent pas ces gens, ils auront besoin d'une description détaillée pour être sûrs de ne pas se tromper à l'aéroport.

2. Les apprenants trouveront à droite de la page des notes décrivant les trois personnes que leur partenaire va accueillir (détails relatifs à l'apparence physique des personnes, renseignements sur les vêtements que chaque personne portera et sur les objets qu'elle tiendra à la main).

3. Les apprenants utiliseront ces notes à tour de rôle pour décrire les personnes que leur partenaire doit accueillir à l'aéroport. Ils écouteront attentivement chaque description pour trouver la personne décrite. Ils inscriront les noms des trois individus qu'ils doivent rencontrer sous les dessins correspondants.

4. Pour vérifier qu'ils ont fait le bon choix, ils se serviront des dessins qu'ils ont sélectionnés pour décrire à leur partenaire les personnes en question. Le/la partenaire peut comparer cette description avec les notes du début et vérifier que les réponses sont bien exactes.

V		V
	V	

NB : les bonnes réponses pour A et B sont les suivantes :

5. Une fois que les apprenants sont certains d'avoir fait le bon choix, ils pourront comparer les dessins et les descriptions dans leur livre respectif.

TRAVAIL COMPLÉMENTAIRE

Les apprenants choisiront quelqu'un dans la classe et feront par écrit une brève description de l'apparence physique et vestimentaire de cette personne. Dites-leur de lire à tour de rôle leur description et vérifiez qu'à chaque fois, ils devinent bien qui est la personne décrite.

4 COMMENT SE RENSEIGNER SUR LA TAILLE, LE POIDS OU L'ÂGE D'UNE PERSONNE OU D'UNE CHOSE

Première activité

- Quelles sont les dimensions du/de la ... ?
- Quelle est la hauteur/longueur/largeur de ce/de cette ... ?
  → Il/Elle fait/mesure ... de haut(eur)/long(ueur)/large(ur)
- Quelle distance y a-t-il entre ... et ... ? → Il y a 2,3 km
- Combien pèse le/la ... ?/Quel est le poids du/de la ... ? → Il/Elle pèse 2,3 kg

DÉMARCHE À SUIVRE

1. Les apprenants imagineront qu'ils veulent s'acheter un poste de télévision qui devra aller sur une étagère. Ils commenceront par déterminer la hauteur, la longueur et la largeur de la place disponible en se posant des questions à tour de rôle. Ils inscriront les chiffres qui leur manquent dans les espaces vides prévus à cet effet.

2. En prenant connaissance de leur tableau, ils remarqueront qu'ils ont chacun des informations sur deux téléviseurs. Pour obtenir les renseignements concernant les deux autres téléviseurs ils poseront des questions à leur partenaire :

> A : *Quelle est la hauteur du poste Haramatsu ?*
>
> B : *(Il fait) 35 cm (de hauteur), etc.*

Ils inscriront ces renseignements et vérifieront leurs résultats en se montrant leur livre.

TRAVAIL COMPLÉMENTAIRE

Les apprenants utiliseront les données du tableau pour faire une description par écrit du poste de télévision qu'ils vont acheter.

Deuxième activité

- Quelle est la taille de ... ?   → Il/elle mesure...
- Combien mesure ?   → Il/elle fait ...
- Combien pèse ... ?   → Il/elle pèse ...
- Quel âge a ... ?   → Il/elle a   → Ils/elles ont ...

DÉMARCHE À SUIVRE

1. Les apprenants se poseront des questions à tour de rôle pour trouver l'âge, la taille et le poids des six personnes :

> B : *Combien mesure Gilles ?*
>
> A : *(Il mesure) 1,55 m*, etc.*

Ils inscriront les renseignements obtenus dans leur livre.

2. Ensuite, ils regarderont les dix dessins et chercheront individuellement ce qu'ils représentent d'après les données du tableau, puis ils inscriront les noms sous chaque dessin.

3. Enfin, ils vérifieront leurs résultats en se montrant leur livre.

TRAVAIL COMPLÉMENTAIRE

Les apprenants trouveront l'âge, la taille et le poids de leur(s) camarade(s) de classe et en feront la description par écrit.

* Attirer l'attention des apprenants sur le fait qu'on écrit 1,55 m mais qu'on dit 1 mètre cinquante-cinq ; et que pour une personne, on ne parle pas de la hauteur mais de la taille.

5   COMMENT DÉCRIRE DES OBJETS

Première activité

- De quelle couleur est-elle ?   → Elle est ...
- Quelle forme a-t-elle ?   → Elle est ...
- Que pouvez-vous (peux-tu) dire d'autre sur la valise ?   → Elle est .../Elle a ...

DÉMARCHE À SUIVRE

1. Expliquez aux apprenants que Michèle, Raoul, Patrice et Gérard ont perdu leur valise. Ils se poseront des questions à tour de rôle afin de décrire chaque valise :

> A : *De quelle couleur est la valise de Michèle ?*
>
> B : *Elle est blanche, etc.*

Ils inscriront les réponses dans leur livre.

2. Quand les apprenants auront trouvé tous les renseignements, ils regarderont les dessins des six valises (dans le rectangle intitulé "objets trouvés") ; chacun décidera qui réclamera quelle valise pour s'assurer ensuite qu'il est d'accord avec son partenaire.

TRAVAIL COMPLÉMENTAIRE

Les élèves imagineront qu'ils ont perdu une valise et composeront un petit dialogue dans lequel ils la décriront à l'employé du bureau des objets trouvés.

Deuxième activité

> - Quel ovni a vu ... ? Combien d'ovnis a vu ...   → Il/Elle (en) a vu ...
> - De quelle couleur étai(en)t-il(s) ?   → Il(s) étai(en)t ...
> - Quelle forme avai(en)t-il(s) ?   → Il(s) étai(en)t ...
> - Quelle taille avai(en)t-il(s) ?   → Il(s) étai(en)t ...
> - En quoi étai(en)t-il(s) fait(s) ?   → Il(s) étai(en)t ...
> - Que pouvez-vous (peux-tu) me dire d'autre à propos de l'ovni/des ovnis ?
>   → Il(s) avai(en)t/Il(s) étai(en)t ...

DÉMARCHE À SUIVRE

1. Assurez-vous que les apprenants savent ce qu'est un ovni (Objet Volant Non Identifié, par exemple une "soucoupe volante").

2. Expliquez-leur que Stéphane, Paul et Béatrice habitent tous dans des villes différentes. La nuit dernière, chacun d'eux a déclaré avoir vu un ou plusieurs ovnis en rentrant chez lui. Mais ce que chacun a vu est très différent.

Les apprenants se poseront des questions à tour de rôle pour découvrir à quoi ressemblaient les ovnis :

> A : *Combien d'ovnis Paul a-t-il vus ?*
>
> B : *Un. Quelle forme avait-il ?*
>
> A : *Une forme allongée, etc.*

Ils inscriront les réponses dans leur livre.

3. Quand les apprenants auront terminé l'exercice, ils vérifieront leurs renseignements en se montrant leur livre.

TRAVAIL COMPLÉMENTAIRE

Les apprenants imagineront qu'eux aussi ont vu un ovni la nuit dernière et en feront une description par écrit. Avec des élèves plus jeunes, vous pouvez leur demander de le dessiner.

Première activité

| • À qui est le/ce stylo ? la/cette montre ? } → Il/elle est à … |
| • À qui sont les/ces lunettes ciseaux ? } → Ils/elles sont à … |

DÉMARCHE À SUIVRE

1. Expliquez aux apprenants que les lignes sinueuses sur le dessin relient chaque objet au nom de la personne à qui il appartient. Faites-leur remarquer que chacun sait à qui appartiennent certains des objets. Demandez-leur alors de trouver à qui appartiennent les objets restants en se posant des questions à tour de rôle :

> *B : Il est à qui cet appareil photo ?*
>
> *A : Il est à Yvonne, etc.*

2. Ils vérifieront leurs informations en se montrant leur livre.

TRAVAIL COMPLÉMENTAIRE

Les apprenants utiliseront les dessins pour rédiger individuellement six questions ; exemple : À qui est la montre ? Après cela, ils échangeront leurs questions avec celles de leur partenaire et y répondront par écrit aussi vite que possible. Celui qui termine le premier a gagné.

Deuxième activité

| • À qui est le/ce stylo ? la/cette montre ? } → Il/Elle est à … |
| • À qui sont les/ces lunettes ciseaux ? } → Ils/Elles sont à … |

DÉMARCHE À SUIVRE

1. Les apprenants imagineront que quatre cambriolages ont été commis la semaine dernière, au domicile des Simonet, des Jacquemart, des Denisot et des Benoît. Ils possèdent quatre listes d'objets qui se trouvaient dans chacune des maisons au moment du cambriolage. Ils n'ont pour seules informations que ce qui a été volé lors de deux des cambriolages. C'est indiqué dans leur livre de la manière suivante : V = volé / + = pas volé
Ils devront trouver ce qui a disparu pendant les deux autres cambriolages en se posant des questions à tour de rôle :

> *B : Est-ce que l'argent des Simonet a été volé ?*
>
> *B : Oui, les cambrioleurs l'ont pris.*
>
> *B : Est-ce qu'ils ont aussi emporté les bijoux ?*
>
> *A : Non, ils n'y ont pas touché, etc.*

Ils inscriront dans leur livre à côté de chaque objet un V ou une croix (+) selon le cas.
2. Enfin, ils vérifieront leurs réponses en se montrant leur livre.

TRAVAIL COMPLÉMENTAIRE

Les apprenants feront par écrit un dialogue de dix à quinze lignes mettant en scène l'une des personnes qui a été cambriolée (par exemple Mme Simonet) et un journaliste venu l'interviewer à propos de ce qu'on lui a volé.
Ils pourront aussi rédiger un court article pour un journal local racontant ce que les cambrioleurs ont dérobé chez les Denisot, les Benoît, les Jacquemart et les Simonet.

7 COMMENT LOCALISER DES OBJETS

Première activité

> • Il y a un(e), des, plusieurs...
> • Où est ... ?   → Il/Elle est à droite de ...
> • Où sont ?   → Ils/Elles sont derrière ...
> • Où se trouve ... ?   → Il/Elle se trouve à côté de ...
> • Où se trouvent ... ?   → Ils/Elles se trouvent en face de ...

DÉMARCHE À SUIVRE

1. Les apprenants regarderont les schémas incomplets des pièces. Expliquez-leur que l'une d'elles contient déjà deux portes, quatre fenêtres, une table et quatre chaises.

2. Ils décriront à tour de rôle ce qui se trouve sur leur dessin et découvriront ainsi les objets ou personnes manquants :

> *A : Il y a un canapé sur mon dessin.*
>
> *B : Sur le mien aussi. Un garçon est assis dessus. Et près de lui, il y a un gros et beau chien.*
>
> *A : Ah oui ! Où ça ?*
>
> *B : À droite.*
>
> *A : Il y a aussi une jeune femme et un chat sur le canapé. Ils sont assis à gauche.*

Les apprenants devront dessiner les objets et les personnes manquants là où il convient sur leur propre dessin.

3. Quand les apprenants estiment qu'ils ont trouvé tout ce qui manquait et l'ont dessiné, ils compareront leur dessin en se montrant leur livre.

TRAVAIL COMPLÉMENTAIRE

Les apprenants feront une description par écrit de la pièce, maintenant qu'elle est entièrement meublée.

Deuxième activité

> Mêmes propositions que pour la première activité.

DÉMARCHE À SUIVRE

1. Les apprenants regarderont les schémas incomplets des pièces. Expliquez-leur qu'elles contiennent déjà deux portes, quatre fenêtres, une table et quatre chaises.

2. Ils disposeront les meubles comme ils veulent sur le schéma marqué « vous » en dessinant l'emplacement de chaque meuble à l'aide des symboles correspondants.
Exemple : canapé =

3. Ils expliqueront à tour de rôle à leur partenaire où sont situés les meubles. Ils dessineront également l'aménagement intérieur de leur partenaire sur le schéma marqué « votre partenaire ».

4. Enfin, ils décideront quel agencement ils préfèrent.

TRAVAIL COMPLÉMENTAIRE

Les apprenants rédigeront, soit une description de l'aménagement intérieur qu'ils préfèrent, soit une description de l'agencement du mobilier dans une des pièces de leur propre maison/appartement.

8 Comment décrire des lieux

Première activité

> • Où/Dans quelle ville se trouve le cinéma x ?/la région y ? → Il est en (en/ à/ au(x)/ dans) .../Elle se trouve en...
>
> • Combien d'habitants a ... ? → ... a ... habitants/La population de ... est de ...
>
> • Quel est le climat de...?/Quel temps fait-il à...? → Le climat de ... est .../À ..., le temps est ...
>
> • Comment est... / Quelle est l'ambiance de ... ? → ... est une ville ...
>
> • Pourquoi est-ce que ... est connu(e) ? → ... est connu(e) à cause de/est célèbre pour son (ses) ...

DÉMARCHE À SUIVRE

1. Les apprenants regarderont attentivement le tableau. Chacun possède des renseignements différents mais complémentaires sur les quatre mêmes villes. Ils se poseront des questions à tour de rôle pour trouver les renseignements qui leur manquent :

> B : *Où se trouve Louvain ?*
> A : *C'est en Belgique. ... Dans quelle partie du pays est-ce situé ? (Est-ce que c'est dans ... ?)*
> *Dans quelle région/partie du pays est-ce situé ? (Est-ce que c'est dans ... ?)*
> B : *C'est dans le centre, etc.*

Les apprenants inscriront les renseignements dans leur livre.

2. Enfin demandez-leur, quand ils auront terminé l'exercice, de vérifier leurs informations en se montrant leur livre.

TRAVAIL COMPLÉMENTAIRE

Soit les apprenants choisiront l'une des villes du tableau, soit ils se renseigneront sur la ville où ils habitent ou toute autre ville et décriront cette ville par écrit.

Deuxième activité

> • Comment est la ville de ... ?
>   → Le voyagiste dit que c'est .../que la ville a ... / qu'il y a ...
> • Est-ce que c'est vrai ? → Oui, c'est vrai/Non, ce n'est pas vrai.

DÉMARCHE À SUIVRE

1. Les étudiants feront semblant de vouloir partir en vacances et devront choisir le lieu où ils veulent les passer cette année. Sur le côté gauche de la page, ils ont des renseignements fournis par une agence de voyages concernant trois villes. Ils les liront attentivement et choisiront l'endroit qui leur plaît le plus.

2. Sur le côté droit de la page, ils ont des renseignements similaires sur trois autres villes. Ils imagineront que ce sont des endroits qu'ils connaissent et où ils ne veulent absolument pas retourner. Dites-leur que les informations de droite illustrent parfaitement bien leur expérience de vacances, là-bas.

3. Les apprenants feront semblant d'être un peu inquiets parce que les renseignements donnés par le voyagiste sont peut-être inexacts. Ils découvriront s'ils sont vrais ou faux en se posant des questions à tour de rôle :

> B : *Le voyagiste dit que Port-Marin a des plages superbes.*
> A : *Ce n'est pas vrai, les plages de Port-Marin sont sales.*
> B : *Je vois. Il dit aussi que le climat est sec et chaud. Est-ce que c'est exact ?*
> A : *Oui, c'est vrai. Il y fait très chaud et il ne pleut jamais, etc.*

Les apprenants mettront un V ou un F à côté de chacune des données fournies par l'agence de voyages selon que le renseignement s'avérera vrai ou faux.

4. Quand ils auront posé toutes les questions nécessaires à leur partenaire, ils décideront individuellement quel endroit ils choisiraient pour leurs vacances. Leur décision a-t-elle changé depuis le n° 1 ?

TRAVAIL COMPLÉMENTAIRE

Les apprenants imagineront qu'on leur a demandé de réaliser (conception et rédaction) une brochure touristique sur leur pays. Dites-leur de faire une description très attrayante (par exemple en utilisant des adjectifs tels que ravissant, magnifique, etc.) et, si possible, d'y inclure des cartes, dessins, photos, etc. pour justifier ce qu'ils écrivent.

9 COMMENT DEMANDER ET INDIQUER SON CHEMIN

Première activité

> • Où/Dans quelle rue se trouve l'hôpital/le fleuriste/la pharmacie ?
> → Il/Elle se trouve dans/au coin de .../entre
> • À côté de/En face de quel magasin est l'hôpital/le fleuriste/la pharmacie ?
> → Il/Elle est ...

DÉMARCHE À SUIVRE

1. Dites aux apprenants que les carrés ou rectangles gris représentent des bâtiments ou espaces indiqués à la fois sur leur plan et sur celui de leur partenaire, tandis que les cases vides correspondent à ceux dont leur partenaire est seul à connaître le nom et l'emplacement. Ils se poseront des questions à tour de rôle pour compléter leur plan :

  A : Où se trouve la discothèque ?

  B : Elle est dans la rue des Marronniers, derrière la charcuterie.
   Elle est à côté de la boutique de mode, en face du café.

2. Quand les apprenants auront fini l'exercice, ils s'assureront que leurs plans complétés sont bien identiques.

TRAVAIL COMPLÉMENTAIRE

Les apprenants écriront une lettre à un(e) ami(e) pour lui expliquer comment se rendre de la gare (ou d'une aire de stationnement) à la mairie de la localité ou de l'arrondissement où ils habitent.

Deuxième activité

> • Excusez-moi, Monsieur, pourriez-vous m'indiquer le chemin de ... ?
> • S'il vous plaît, Madame, pourriez-vous m'expliquer comment aller de l'.../ de(s)/ du/ de la... à l'.../au(x)... à la ... ?
> • Pardon jeune homme, savez-vous (sais-tu) où se trouve le/la ... ?
> → Vous prenez (tu prends) l'autobus N et vous descendez (tu descends) à ...
> → Continuez (continue) (la rue) tout droit
> → Allez (va) tout droit
> → Montez (monte) jusqu'au(x) carrefour/feux
> → Descendez (descends) jusqu'au(x) carrefour/feux
> → Prenez (prends) la première/deuxième... à droite, et ensuite tout droit

Démarche à suivre

1. Expliquez aux apprenants qu'ils ont tous la même carte de Pontalais-sur-Sarpe. Ils feront attention aux symboles représentant les feux de signalisation et les arrêts de bus. Faites-leur remarquer que sur la fiche A il y a trois petites cases marquées I, II et III, qui représentent respectivement l'emplacement du cabinet du dentiste, de la pharmacie et de la crêperie ; sur la fiche B il y a aussi trois petites cases, marquées 1, 2 et 3, et celles-là marquent l'emplacement du cabinet du médecin, du restaurant et du salon de coiffure. Il est essentiel que les apprenants trouvent les cases numérotées et comprennent ce qu'elles représentent. Indiquez-leur enfin que chaque fiche comporte également six cases vides, dont trois correspondent aux numéros de leur partenaire.

2. Les apprenants se poseront des questions à tour de rôle pour aller d'un endroit à un autre comme il leur est demandé dans leur livre, puis ils indiqueront les bonnes directions en se référant à leur carte :

> *A : Est-ce que tu peux me dire comment aller chez le médecin depuis Castaigne ?*
>
> *B : Prends le (l'autobus n°) 16 jusqu'à l'hôpital, descends à l'arrêt qui se trouve juste en face de l'hôpital. Continue à pied jusqu'au feu, traverse le boulevard de Babylone, continue tout droit dans l'allée du Parc, etc.*

A suit les directives de B, demande d'autres renseignements ou éclaircissements si nécessaire et quand il arrive à la bonne case vide, il écrit 1 dedans.

3. Quand les apprenants auront trouvé tous les endroits, ils vérifieront dans le livre de l'autre s'ils ont rempli les cases correctement.

Il y a neuf cases en tout, donc trois devraient rester vides !

Travail complémentaire

Les apprenants imagineront qu'ils ont leur résidence à Pontalais-sur-Sarpe. Ils indiqueront sur la carte l'endroit où ils habitent. Ils écriront une lettre à un(e) ami(e) qui vient les voir depuis Bréteil en utilisant les transports en commun. Ils devront indiquer le chemin jusqu'à leur maison à partir de la gare SNCF et depuis l'arrêt de bus situé rue Notre-Dame.

Troisième activité

> • Quel (chemin/parcours/itinéraire) est-ce que (le défilé/le cortège/la procession) va (suivre/prendre/emprunter) ?
> • (Dans/Par quelles) rues passera-t-(il/elle) ?
> → D'abord, (il/elle) passera (dans/par/le long de) ...
> → Et puis, (il/elle) tournera (à droite/à gauche) ...

Démarche à suivre

1. Les apprenants doivent planifier individuellement le parcours d'un défilé de carnaval, qui va avoir lieu samedi prochain à partir de 16 heures.
Le défilé partira du collège de la rue de l'Evêché et s'achèvera au lycée, dans la rue de l'Observatoire. Les apprenants garderont à l'esprit que, même si le défilé doit passer par le centre ville, il ne doit pas gêner la circulation. En outre, le plus grand nombre possible de spectateurs doit être en mesure de le voir, par conséquent il ne devra pas traverser des quartiers résidentiels trop calmes.

2. Les apprenants traceront leur parcours sur leur carte en trait pointillé (...). Quand ils auront terminé, dites-leur de le décrire chacun à leur tour à leur partenaire, qui le tracera sur sa propre carte (de préférence avec un crayon d'une autre couleur).

3. Enfin, ils choisiront ensemble le meilleur parcours.

Travail complémentaire

Les apprenants se mettront par deux pour écrire une lettre au maire de Pontalais-sur-Sarpe décrivant le meilleur des deux parcours de défilé du carnaval et justifiant leur choix.

10 COMMENT DÉCRIRE DES ACTIONS OU DES ÉTATS SIMULTANÉS

Première activité

- Il y a un homme/une femme (en train de) ...
- Il y a deux enfants (en train de) ...
- Que fait l'homme/la femme ? → Il/Elle est en train de ...
- Que font les enfants ? → Ils sont en train de ...

DÉMARCHE À SUIVRE

1. Les apprenants regarderont attentivement le dessin de la scène de plage. Leur partenaire a presque la même scène à six différences près. Les apprenants la décriront à leur partenaire et se poseront des questions à tour de rôle pour trouver quelles sont ces six différences :

> *A : Il y a une femme assise dans une chaise longue et qui lit.*
>
> *B : Vraiment ? Sur mon dessin, elle ne lit pas, elle tricote.*

Quand les apprenants auront trouvé les six différences, ils se montreront leur livre et compareront les deux images.

TRAVAIL COMPLÉMENTAIRE

Les apprenants vont jouer à un jeu avec leur partenaire. L'un des apprenants mime une action et l'autre doit deviner ce qu'il est en train de faire. Avant de commencer, ils dresseront individuellement une liste de cinq actions qu'ils vont mimer, par exemple :
boire une tasse de thé, écrire une lettre, lire un livre, etc.
Puis ils mimeront à tour de rôle chacune de ces actions, de façon à ce que leur partenaire devine ce qu'ils sont en train de faire. Celui ou celle qui devinera le mieux aura gagné.
N.B. Il est recommandé à l'animateur/enseignant de faire une démonstration devant toute la classe avant de demander aux apprenants de jouer avec leur partenaire.

Deuxième activité

- Que faisait X (quand Y est arrivé) ?
- Qu'est-ce que X était en train de faire (quand Y est arrivé) ?
  → Il/Elle était en train de + verbe à l'infinitif.

DÉMARCHE À SUIVRE

1. Dites aux apprenants qu'hier soir (on ne sait pas quand exactement) un meurtre a été commis. Ils seront des détectives et auront déjà interviewé certains des suspects pour découvrir ce qu'ils étaient en train de faire au moment du meurtre. Expliquez-leur que leur carnet de notes contenant les renseignements se trouve du côté gauche de la page.

2. Les apprenants se poseront des questions à tour de rôle pour découvrir ce que les suspects listés dans le carnet sur la droite de la page étaient en train de faire au moment du meurtre :

> *A : Qu'est-ce que Sophie était en train de faire (quand le meurtre a eu lieu) ?*
>
> *B : Elle était en train d'étudier chez Gilbert.*

Les apprenants inscriront les réponses dans leur livre.

3. Quand ils auront trouvé ce que tous les suspects étaient en train de faire, ils examineront attentivement les renseignements et décideront avec leur partenaire qui est le meurtrier.
(Réponse : Maurice).

La nuit dernière, une bombe a explosé dans l'hôtel le plus cher de la ville. Dites aux apprenants qu'ils sont journalistes et qu'ils doivent écrire un rapport sur ce que les différents clients de l'hôtel étaient en train de faire au moment de l'explosion.

11 COMMENT DEMANDER LES PRIX

Première activité

> • Quel est/Pourriez-vous (pourrais-tu) me dire le prix de ... ?
>   → La ceinture coûte .../Le pull fait .../Les chaussures font ...
> • Combien coûte(nt)/C'est combien (une/cette ceinture ?)/(des/ces chaussures de marche ?)
>   → Cela coûte/C'est/Ça fait ...

DÉMARCHE À SUIVRE

1. Expliquez aux apprenants que leur livre contient le même nombre de dessins de vêtements que celui de leur partenaire. Certains portent des étiquettes avec le prix et leur partenaire a les renseignements qui leur manquent. Demandez-leur de trouver les prix de tous les vêtements en se posant des questions à tour de rôle :

> *A : Combien coûte la robe ?*
>
> *B : Elle coûte 960 francs, etc.*

2. Ils vérifieront leurs prix en se montrant leur livre.

TRAVAIL COMPLÉMENTAIRE

Les apprenants imagineront qu'ils veulent acheter un cadeau d'anniversaire pour leur mère ; ils sont dans un magasin et demandent les prix de différents articles. Demandez-leur de rédiger le dialogue qu'ils auraient avec le vendeur ou la vendeuse.

Deuxième activité

> Mêmes propositions que pour la première activité.

DÉMARCHE À SUIVRE

1. Les apprenants auront chacun deux listes de prix affichés dans deux cafés différents, mais ils ne connaissent les prix que d'un seul café. Ils se poseront des questions à tour de rôle pour trouver les prix de la nourriture et des boissons de l'autre établissement :

> *A : Combien coûte un express (une tasse de café noir) à La Chope d'Argent ?*
>
> *B : Ça coûte 8 francs, etc.*

Les apprenants inscriront les prix dans leur livre.

2. Puis ils vérifieront leurs informations en se montrant leur livre et décideront quel café est le moins cher.

TRAVAIL COMPLÉMENTAIRE

Les apprenants imagineront qu'ils sont propriétaires d'un café-tabac ou d'un bistrot. Dites-leur de faire une liste des prix des boissons, sandwichs, etc, dans leur propre café et ensuite de se demander l'un à l'autre les prix indiqués.

12 COMMENT DÉCRIRE DES ACTIONS QUOTIDIENNES

Première activité

- Verbe à l'indicatif présent + vous/tu (quelquefois/souvent/généralement/d'habitude) ... ?
- Est-ce qu'il ne t'arrive jamais de ... ?
  → Oui, (...) quelquefois/de temps (à autre) en temps/(très) souvent/(presque) toujours
  → Non, (presque) jamais.
- Combien de fois par jour/semaine/mois/an(née) est-ce que vous/tu (+ verbe à l'indicatif présent)... ? → Eh bien, en moyenne je ...

DÉMARCHE À SUIVRE

1. Les apprenants se poseront à tour de rôle des questions se rapportant aux affirmations situées à gauche dans le tableau :

> *A : Est-ce que tu te couches avant 23 heures ?*
>
> *B : D'habitude oui. Mais parfois je reste éveillé(e) jusqu'à 2 ou 3 heures du matin, etc.*

Faites-leur remarquer que les affirmations de leur partenaire ne sont pas identiques aux leurs. Ils noteront chacune des réponses en mettant une croix (+) dans l'une des colonnes situées à droite dans le tableau (se référer à la légende). Si nécessaire, ils prépareront leurs questions avant de commencer.

TRAVAIL COMPLÉMENTAIRE

Soit les apprenants écriront une histoire sur leur partenaire en se fondant sur les renseignements qu'ils ont obtenus de lui/d'elle, soit ils établiront un nouveau questionnaire qu'ils pourront soumettre à un autre partenaire.

Deuxième activité

- À quelle heure/Quand est-ce que vous faites (tu fais) telle ou telle chose ?
  → Je (le fais) à ... heures.
- Que fait-il/elle le soir ?
  → Il/Elle ...

DÉMARCHE À SUIVRE

1. Dites aux apprenants que Habib Énouf, Vincent Lemoine, Édith Pinel et Geneviève Fayard habitent tous la même ville au bord de la mer. Tous les quatre pensent que la beauté de la ville est gâchée par le grand nombre de touristes qui y viennent chaque été et ils ont décidé de former un comité pour protéger le site. Ils prévoient de se réunir une fois par semaine, mais comme chacun est très occupé, il leur est difficile de trouver un moment commun de libre. Le problème est de savoir quel horaire conviendrait le mieux à tout le monde.

2. Expliquez aux apprenants qu'ils possèdent des renseignements sur l'emploi du temps quotidien de deux de ces personnes. Ils obtiendront les informations concernant l'emploi du temps des deux autres, en se posant des questions à tour de rôle :

> *A : À quelle heure Vincent Lemoine se lève-t-il ?*
>
> *B : À 8 h 15, etc.*

Ils inscriront les réponses dans leur livre.

3. Quand les apprenants auront trouvé tous les renseignements, ils décideront ensemble quel est le meilleur moment pour la réunion et inscriront l'heure à l'endroit prévu à cet effet.

Troisième activité

N.B. Cette activité sera réalisée avec le plus de profit directement à la suite de la deuxième activité.

Mêmes outils que pour la deuxième activité.

DÉMARCHE À SUIVRE

1. Les apprenants devront, comme dans la deuxième activité, trouver le meilleur moment pour la réunion des quatre personnes.

2. Mais cette fois, ils connaissent seulement la *profession* de deux des personnes. Ils travailleront seuls pendant un moment et inventeront leur emploi du temps quotidien qu'ils écriront dans le tableau.

3. Ensuite, les apprenants découvriront la profession et l'emploi du temps des deux autres personnes en se posant des questions à tour de rôle (comme dans la deuxième activité) :

> B : *Que fait Odile Vervoort ?*
> A : *Elle est commerçante.*
> B : *À quelle heure se lève-t-elle ? etc.*

Ils inscriront alors les renseignements dans leur livre.

4. Quand les apprenants auront obtenu tous les renseignements, ils décideront ensemble quel est le meilleur moment pour la réunion et inscriront l'heure à l'endroit prévu à cet effet.

TRAVAIL COMPLÉMENTAIRE

Soit les apprenants choisiront l'une des personnes de la deuxième ou de la troisième activité et feront la description par écrit de son emploi du temps.

Soit ils imagineront qu'un(e) ami(e) anglais(e), qui n'est jamais allé(e) à l'étranger, va venir séjourner dans leur famille. Ils écriront une lettre décrivant l'emploi du temps habituel de leur famille pour que l'ami(e) sache à quoi s'attendre.

13 COMMENT DEMANDER ET DONNER L'HEURE

Première activité

• À quelle heure/Quand (les commerçants/les magasins) ouvrent-ils/ferment-ils à, au(x), en ... ?
→ Ils ouvrent/ ferment à ...
• Quand est-ce que les cours finissent dans les collèges/lycées
            les gens finissent
            l'on finit de travailler   } à, au(x), en ... ?
   → Les cours finissent ....
   → On finit ...

DÉMARCHE À SUIVRE

1. Demandez tout d'abord aux apprenants de remplir la première colonne du tableau intitulée « votre pays d'origine » . Puis, dites-leur de s'assurer qu'ils sont d'accord entre eux (ou, s'ils sont de pays différents, d'échanger leurs données, comme indiqué à l'étape 2, mais seulement à la fin de cette étape).

2. Ensuite, ils chercheront les renseignements qui leur manquent sur la France et l'Espagne en se posant des questions à tour de rôle :

> *A : À quelle heure les magasins ferment-ils en France ?*
>
> *B : À 8 heures du soir (en région parisienne), etc.*

Ils inscriront les réponses dans leur livre.

3. Quand les apprenants auront terminé l'exercice, ils vérifieront leurs données en se montrant leur livre.

TRAVAIL COMPLÉMENTAIRE

Les apprenants utiliseront les renseignements du tableau pour rédiger un texte qui compare les horaires de leur propre pays avec ceux de l'Espagne et de la France.

Deuxième activité

> • À quelle heure (arrive/atterrit/doit atterrir) l'avion (en provenance) de ... ?
> • Quand (part/décolle/doit décoller) le vol/l'avion (à destination) de ... ?
> (au futur : arrivera, atterrira, partira, décollera, devra + infinitif)

DÉMARCHE À SUIVRE

1. Expliquez aux apprenants qu'ils possèdent des données incomplètes concernant les horaires d'arrivée et de départ des avions à l'aéroport d'Amsterdam Schiphol. Ils se poseront des questions pour trouver les renseignements manquants :

> *A : Quand est-ce que le vol en provenance de Stockholm doit arriver ?*
>
> *B : Il arrivera à 11 heures 10, etc.*

Ils inscriront les renseignements dans leur livre.

2. Quand les apprenants auront obtenu tous les renseignements nécessaires, demandez-leur de compter le nombre de décollages et d'atterrissages à l'aéroport entre 9 heures et 10 heures, puis entre 10 heures et 11 heures (du matin) et d'inscrire la réponse dans leur livre. Ils s'assureront qu'ils trouvent le même nombre que leur partenaire.

TRAVAIL COMPLÉMENTAIRE

Les apprenants imagineront qu'ils sont à l'aéroport de Schiphol (Amsterdam) pour accueillir quatre personnes importantes qui arrivent de Paris, Londres, Hambourg et Venise. Mais les contrôleurs aériens font grève et tous les avions ont du retard. Les apprenants rédigeront un dialogue dans lequel ils demanderont au bureau des renseignements de l'aéroport à quelle heure les avions qu'ils attendent finiront par arriver.

14 COMMENT DEMANDER DES RENSEIGNEMENTS CONCERNANT UN VOYAGE

Première activité

> • Quelle est la durée du trajet jusqu'à ... ?
> • Combien de temps faut-il pour aller à ... en train ?
>   avion ?   } → Cela/Ça prend/Il faut ...
>   autocar ?
> • Combien est-ce que ça coûte pour aller à ... ?   → Ça coûte ...
> • Quel est le prix   du billet
>   d'un billet (aller) } pour (aller à) ... ? → Il/Ça coûte
>   d'un aller-retour

1. Les apprenants auront des renseignements incomplets sur la durée et le coût des trajets depuis Paris vers les six villes du tableau. Ils poseront des questions pour trouver les informations manquantes :

>   *B : Quel est le prix d'un billet d'avion pour Madrid ?*

>   *A : Ce billet coûte 2 390 F, etc.*

Ils inscriront les nouvelles données dans leur livre.

2. Les apprenants vérifieront leurs informations en se montrant leur livre.

TRAVAIL COMPLÉMENTAIRE

Les apprenants imagineront qu'ils ont l'intention de visiter l'une des villes du tableau. Ils rédigeront un petit dialogue où ils se renseignent dans une agence de voyages sur les différentes façons de s'y rendre.

Deuxième activité

Même outils que pour la première activité avec en plus :
- De quelle gare est-ce que le train part ?   → Il part de ...
- Quand/À quelle heure le train part-il pour/à ... ?   → Il part (à/pour ...) à ...
                               arrive-t-il de ... ?   → Il arrive de .... à ...
- Comment est-ce qu'on traverse la Manche ?/(ou) ... fait la traversée de la Manche ?
  → En bateau/ferry boat/aéroglisseur/naviplane.
- Quel itinéraire/parcours suit
                        emprunte } (-t)-il ?   → Il passe par ...
                        prend
- Est-ce qu'il y a une voiture-bar
                    un bar } dans ce train ?
                    des couchettes
  → Non, (il n'y en a pas)./Oui, (il y en a (un(e))

DÉMARCHE À SUIVRE

1. Dites aux apprenants qu'ils voyageront de Lyon à Londres avec leur partenaire. Il y a trois trains par semaine et ils devront en choisir un. Les apprenants auront des renseignements partiels sur le train 1 et des renseignements complets sur l'un des deux autres. Ils se poseront des questions pour trouver tous les renseignements sur les trois trains :

>   *B : D'où part le premier train ?*

>   *A : (Il part) de (la gare de) Lyon Part-Dieu. À quelle heure part-il ?*

>   *B : 15 heures, etc.*

Ils inscriront les renseignements dans leur livre.

2. Quand les apprenants auront tous les renseignements, d'après leurs informations ils jugeront des avantages et inconvénients de chaque train en termes de prix, durée du voyage et aspects pratiques. Dites-leur de décider ensemble quel train ils vont prendre et d'écrire leur choix dans leur livre.

TRAVAIL COMPLÉMENTAIRE

Les apprenants utiliseront les données du tableau pour écrire une lettre à un ami en France, dans laquelle ils décriront leur voyage en fonction du train qu'ils ont décidé de prendre. Ils seront libres d'ajouter tous les détails qu'ils souhaitent pour rendre leur lettre encore plus intéressante.

15 COMMENT FAIRE DES COMPARAISONS

Première activité

> • Qui a *plus* de livres *que* moi ?   → Marc a *plus* de livres *que* toi
> • Quelle est l'étudiante la *plus* grande ?   → C'est Tania
> • Quel pays est *plus* peuplé *que* l'Espagne ?   → L'Italie par exemple.

DÉMARCHE À SUIVRE

1. Les apprenants auront tous le même questionnaire à remplir. Demandez-leur de lire les questions et, à l'aide des renseignements partiels situés à leur droite, de cocher la réponse qui leur paraît exacte.

2. Quand les apprenants auront terminé ce travail, ils liront à tour de rôle, à haute voix, une question, et demanderont à leur partenaire ce qu'il/elle en pense et, en fonction de l'information donnée, décideront qui a trouvé la bonne réponse :

> A : *D'après toi, quel pays est le plus grand : le Portugal, l'Irlande ou l'Islande ?*
> B : *Je pense que l'Irlande est le plus grand pays. Qu'est-ce que tu en penses ?*
> A : *Je crois que l'Islande est plus grande. Quelle est la superficie de l'Irlande ?*
> B : *84 000 km carrés.*
> A : *L'Islande fait 103 000 km carrés.*
> B : *Donc c'est toi qui a raison. L'Islande est le plus grand des trois pays, etc.*

Finalement, ils feront le décompte de leurs bonnes réponses pour voir qui a le mieux répondu aux questions.

TRAVAIL COMPLÉMENTAIRE

Dites aux apprenants de penser à un pays qu'ils aimeraient visiter puis, de le comparer par écrit à leur propre pays.

Deuxième activité

> • Qu'est ce que vous savez (tu sais)   sur   ⎫ Il est le plus ...
>   concernant   ⎪ Elle est la plus ...
>   à propos de   ⎬ Elles sont les plus ... des ...
>   au sujet de ... ?   ⎭ Ils sont plus ... que ...

DÉMARCHE À SUIVRE

1. Les apprenants liront les renseignements se trouvant sous les six dessins. Expliquez-leur que leur partenaire a suffisamment de données supplémentaires pour leur permettre de déterminer l'identité et l'âge des personnes représentées. Ils se poseront des questions à tour de rôle afin d'obtenir tous les renseignements dont ils ont besoin pour résoudre le problème :

> B : *Est-ce que vous savez le nom de ces gens ?*
> A : *Oui, mais pas de tous. J'ai cinq noms : Éric, Pierrette, Nathalie, Claire et Benoît. Éric (la troisième personne en partant de la gauche) est le plus petit des trois hommes. Et vous, vous avez des noms ?*
> B : *Moi, j'en ai cinq aussi, mais j'ai Jean-Luc au lieu de Benoît. Qu'est-ce que vous savez (quels renseignements avez-vous) sur Pierrette ?*
> A : *Pierrette est la plus grosse des trois femmes/jeunes filles. Je sais aussi qu'elle a trois ans de moins que Nathalie, etc.*

Les apprenants inscriront leurs réponses dans les cases vides au-dessus et au-dessous des photographies.

2. Quand ils auront terminé l'exercice, ils vérifieront leurs réponses en se montrant leur livre.

TRAVAIL COMPLÉMENTAIRE

Les apprenants feront une petite rédaction dans laquelle ils se présenteront en se comparant à au moins deux membres de leur famille ou à deux de leurs ami(e)s.

NB. Les bonnes réponses sont les suivantes :
Claire, Nathalie, Éric, Jean-Luc, Pierrette, Benoît
16 ans   21 ans 17 ans   19 ans   18 ans   20 ans

16 COMMENT EXPRIMER SES INTENTIONS ET SES PROJETS

Première activité

> • Quand ... va-t-il partir en vacances ?   → Il partira en/au mois de/le ...
>
> • Où est-ce qu'elle va/veut/souhaite/désire aller ?   → Elle voudrait aller au(x)/en/à ...
>
> • Combien de temps ont-ils l'intention d'y rester ?   → Ils veulent rester là-bas (pendant)... etc.

DÉMARCHE À SUIVRE

Expliquez aux apprenants que le tableau contient des renseignements incomplets sur les projets de vacances de certains de leurs amis. Demandez-leur de recueillir les données qui manquent en se posant des questions à tour de rôle et en alternant les questions et les réponses :

> A : *Quel pays Thierry va-t-il visiter ?*
> B : *(Il va visiter) l'Italie.*
> A : *Et dans quelle ville est-ce qu'il va séjourner ?*
> B : *(Il séjournera à) Venise. Comment est-ce qu'il compte s'y rendre ?*
> A : *(Il ira à Venise) en auto-stop ou en autocar.*

Ils inscriront les réponses à l'intérieur de leur tableau, de façon à le compléter, et vérifieront leurs résultats en se montrant leur livre à la fin de l'activité.

TRAVAIL COMPLÉMENTAIRE

Les apprenants utiliseront les renseignements complets du tableau pour décrire les projets de vacances de deux des personnes.

Deuxième activité

> • Où est-ce que tu vas aller en premier ?   → J'irai à ...
>
> • Combien de temps comptes-tu rester là-bas ?   → Je pense que j'y serai (pendant) ...
>
> • Qu'est-ce que vous allez y/projetez d'y/avez l'intention d'y/faire ?
> → Je vais/je projette de/j'ai l'intention de/(d')y ...

DÉMARCHE À SUIVRE

1. Chacun des apprenants imagine qu'il a gagné un prix à un concours organisé par une agence de voyages. Le prix est un séjour de deux semaines sur la charmante île de Beaurivage. L'agence leur a demandé d'organiser les 15 jours de vacances à l'avance.

2. Expliquez-leur ensuite que l'agence de voyages insiste pour qu'ils passent leurs deux semaines dans quatre endroits différents, en commençant par Roseville. C'est à eux de déci-

der combien de jours ils passeront dans chaque endroit. Ils décideront de ce qu'ils vont faire dans chacune des localités en se référant à la légende. En tenant compte de tout cela, ils doivent préparer leurs vacances individuellement et remplir la colonne marquée VOUS.

3. Quand ils auront terminé ce travail, demandez-leur de se renseigner sur le projet de vacances de leur partenaire en se posant des questions à tour de rôle :

> A : *Combien de temps vas-tu passer à Roseville ?*
>
> B : *Je vais y rester seulement (pendant) deux jours.*
>
> A : *Et qu'est-ce que tu as l'intention de faire là-bas ?*
>
> B : *Oh, j'irai à la pêche.*
>
> A : *Et où comptes-tu séjourner après cela ?*
>
> B : *Je vais aller/J'irai à Villeplate, etc.*

4. Les apprenants vérifieront si leurs projets respectifs coïncident à un moment des vacances.

TRAVAIL COMPLÉMENTAIRE

Les apprenants enverront une lettre de remerciements à l'agence de voyages pour ces vacances gratuites ; dans cette lettre, ils décriront leurs projets pour les deux semaines.

Troisième activité

> • Où est-ce que vous allez passer vos vacances/congés cette année ?
>   → Cette année, (j'espère que)   nous irons ...
>   nous pourrons aller....
>   → Cette année,   nous aimerions aller...
>   nous voudrions (bien pouvoir) aller...
> • Quand partirez-vous ?
>   → Nous comptons partir/partirons (sans doute/probablement)...
>   → Nous n'(en) avons pas encore décidé/déterminé/fixé la date...
> • Quel(s) moyen(s) de transport utiliserez-vous ?
>   → Nous prendrons le train/la voiture/l'avion/le bateau.
>   → Nous irons à ... par, et à ... par ...

DÉMARCHE À SUIVRE

1. Les apprenants qui se servent de la fiche B liront les explications écrites. Ils imagineront que leur partenaire fait une enquête sur la façon dont les gens passent leurs vacances d'été : il ou elle va les interviewer sur leurs projets de vacances. Demandez-leur de se préparer à répondre à ses questions.

2. Les apprenants qui se servent de la fiche A imagineront qu'ils vont faire une enquête sur la façon dont les gens passent leurs vacances d'été : ils vont interviewer des passants dans la rue sur leurs projets de vacances et inscriront leurs réponses sur la feuille intitulée "Questionnaire vacances d'été" qui se trouve dans leur livre (leur partenaire est un passant). Avant de commencer, ils devront étudier la feuille d'enquête et préparer leurs questions.

Ils pourraient commencer ainsi :

> A : *Pardon Monsieur/Madame, je suis chargé(e) de faire une enquête sur la façon dont les gens passent leurs vacances d'été. Est-ce que ça vous dérangerait de répondre à quelques questions ?*

et finir comme ceci :

> A : *Merci beaucoup d'avoir répondu à ces questions. Les renseignements que vous m'avez donnés me seront utiles.*

TRAVAIL COMPLÉMENTAIRE

Soit les apprenants décriront les vacances de leurs rêves, soit ils rédigeront un rapport détaillé sur les études qu'ils projettent de faire ou sur leur plan de carrière.

17 COMMENT DEMANDER OU COMMANDER QUELQUE CHOSE

Première activité

> • Est-ce que vous avez des pommes/de la confiture/du fromage ?
>   → Oui, Monsieur/Madame, nous en avons.
>   → Non, nous n'en avons pas/plus.
>   → Non, Madame, mais j'en aurai demain.
>   → Je suis désolé(e), il n'en reste plus.
> • Combien en voulez-vous ?
> • Je vous en mets combien ?
>   → J'en prendrai/voudrai..., s'il vous plaît.
>   → Donnez-m'en x.
> • Pourriez-vous me donner un/deux ... ?
>   → Mais certainement ... voilà ...
>   → Et avec ceci/ça ?

DÉMARCHE À SUIVRE

1. Expliquez aux apprenants que leur magasin se trouve à gauche sur la page et leur liste de courses (ce qu'ils veulent acheter dans le magasin de leur partenaire) à droite.

2. Ils se rendront au magasin de leur partenaire et demanderont ce qui se trouve sur leur liste :

> A : *Est-ce que vous avez du vin ?*
> B : *Mais bien sûr, Madame/Monsieur.*
> A : *Je voudrais une bouteille de vin s'il vous plaît.*
> B : *Voilà Madame/Monsieur. Et avec ceci ?*
> A : *Est-ce que vous avez des chips ?*
> B : *Non Madame/Monsieur, mais le magasin d'en face en vend. Avez-vous besoin d'autre chose ?, etc.*

TRAVAIL COMPLÉMENTAIRE

Les apprenants rédigeront un dialogue entre un vendeur et un client du magasin.

Deuxième activité

> Mêmes propositions que dans la première activité, avec en plus :
> • Qu'avez-vous choisi (qu'as-tu choisi) comme plat principal ?
> • Qu'est-ce que vous ⎰ aimeriez (tu aimerais) comme boisson ?
>   ⎱ voulez (tu veux) comme dessert ?
>   ⎰ allez prendre (tu vas prendre) pour commencer ?
> • Vous n'en avez pas (plus) ? Alors tant pis !
> • Qu'est-ce que vous avez d'autre ?

DÉMARCHE À SUIVRE

1. Les apprenants vont composer un menu pour un restaurant qui leur appartient et l'écriront sur la carte représentée à gauche de la page. Ils regarderont les propositions de plats possibles sur la liste de droite ("menu possible") et en choisiront individuellement deux par catégorie, qu'ils aimeraient servir à leur clientèle. Dites-leur de noter leurs choix dans les espaces prévus à cet effet sur le menu (à gauche).

2. Les apprenants imagineront qu'ils s'apprêtent à manger dans le restaurant de leur partenaire. Malheureusement, comme cet établissement vient juste d'ouvrir, le menu n'est pas encore bien arrêté. Ils doivent demander ce qu'ils veulent en faisant leur choix à partir de la liste intitulée "menu possible" qui se trouve dans leur livre :

> A : *Par quoi aimeriez-vous commencer ?*
> B : *Tout d'abord, j'aimerais un cocktail de crevettes.*
> A : *Je regrette, mais nous n'en avons pas.*
> B : *Eh bien alors, une soupe de légumes.*
> A : *Mais certainement Monsieur/Madame, etc.*

Ils indiqueront par une marque quelconque les mets qu'ils auront finalement commandés.

TRAVAIL COMPLÉMENTAIRE

Les apprenants rédigeront un dialogue entre un serveur et un client qui veut commander un repas.

18 COMMENT DONNER DES DIRECTIVES ET DEMANDER DES EXPLICATIONS (1)

Première activité

> • Qu'est-ce que je commence par } faire ?
>   je dois d'abord
>
> → Tout d'abord/Pour commencer { vous faites (tu fais) (indicatif)
>   il faut que + (subjonctif)
>   il faut faire (infinitif)
>
> • Et maintenant, qu'est-ce qu'il faut { faire ?
>   que je fasse ?
>
> • Et ensuite/après ça (qu'est-ce que je fais ?)
>
> → Alors/Après ça/Ensuite, vous (tu) ...
>
> → En dernier lieu/Finalement, il faut ...

DÉMARCHE À SUIVRE

1. Les apprenants auront tous les éléments de quatre recettes «magiques» (signalez, si nécessaire, que celles-ci ne sont pas à prendre au sérieux). Expliquez-leur que leur livre contient : (a) les instructions complètes de deux des recettes seulement ; (b) deux séries de dessins, chacune délibérément dans le désordre, pour illustrer les deux autres recettes.

2. Les apprenants se liront à tour de rôle leurs instructions complètes. Celui ou celle qui écoute devra numéroter ses dessins dans le bon ordre d'après les explications données. Il/Elle inscrira les numéros dans les cases situées à côté de chaque dessin.

3. Les apprenants vérifieront que leurs numéros sont dans le bon ordre. Ils peuvent le faire soit en se montrant mutuellement leur livre, soit, de façon plus productive, en reconstituant oralement, à partir des dessins, les instructions déjà reçues. Leur partenaire (qui a les directives originales écrites sur sa fiche) pourra éventuellement corriger les erreurs.

TRAVAIL COMPLÉMENTAIRE

Soit les apprenants rédigeront leur propre recette magique, soit ils rédigeront la recette d'un de leurs plats favoris.

Deuxième activité

• Place/Placez....	au-dessus de/au-dessous de...
• Dessine/Dessinez...	dessus/dessous.
• Mets/Mettez....	à droite de/à gauche de...
• Inscris/Inscrivez...	à côté de...

DÉMARCHE À SUIVRE

1. Expliquez aux apprenants qu'ils ont deux grands rectangles, formés de 20 carrés égaux. Huit carrés situés dans le premier rectangle contiennent un dessin ; tous les carrés situés dans le deuxième rectangle sont vides.

2. Les apprenants suivront les instructions écrites et rempliront sept autres carrés dans le premier rectangle.

3. Quand ils auront fait ceci, expliquez-leur que leur partenaire n'a pas un seul dessin ou une seule inscription identique aux leurs. Ils devront donc reproduire les dessins et les inscriptions de leur partenaire dans le deuxième rectangle : il/elle leur dira quoi écrire ou dessiner, et comme ce n'est pas si facile que ça en a l'air, ils devront écouter très attentivement ces instructions et se les faire répéter autant de fois qu'il le faudra.

4. Les apprenants se donneront des directives à tour de rôle sans utiliser de chiffres (de 1 à 20) pour identifier les carrés :

> A : *C'est à toi (de donner des instructions)*

> B : *Pars du carré noir, ensuite va au carré situé sous le dessin d'une maison. Fais une grande croix dans ce carré, etc.*

5. Quand ils auront terminé, ils se montreront leur livre et compareront les rectangles pour voir s'ils ont bien rempli les carrés.

TRAVAIL COMPLÉMENTAIRE

Les apprenants, tout d'abord, feront un dessin stylisé d'un animal ou d'un objet en utilisant des lignes droites reliant des points, ensuite ils rédigeront un ensemble d'instructions qui pourraient permettre à quelqu'un d'autre de reproduire le dessin.

19 COMMENT DONNER DES DIRECTIVES ET DES EXPLICATIONS (2) ET COMMENT OBTENIR DES ÉCLAIRCISSEMENTS

Première activité

• Que voulez-vous (veux-tu) dire ?

• Qu'est-ce que (...) signifie/Que veut dire ... ?

• Est-ce que { vous pouvez (tu peux) répéter / vous pourriez (tu pourrais) m'expliquer } ça encore une fois ?

• Ça va ? Est-ce que vous avez (bien) compris (ce que je viens de dire) ?

• Voulez-vous que je répète (encore une fois) ?

• Ah, tu veux dire... ?

• Je suis désolé(e), je ne comprends pas (du tout)/je suis (un peu/complètement) perdu(e)/je n'y comprends rien.

DÉMARCHE À SUIVRE

1. Les apprenants qui utilisent la fiche B prendront une feuille de papier carrée d'environ 15 cm de côté.

2. Dites aux autres membres de la classe qu'ils vont expliquer à leur partenaire comment faire un petit porte-monnaie en papier : le procédé comporte six étapes successives, et chacune d'elles est décrite de deux façons différentes sur la fiche A ; demandez-leur de suivre ces douze instructions. Ils commenceront, pour chaque étape, par une des deux explications déjà données (celle qu'ils préfèrent); ils la répéteront une fois et, si leur partenaire a du mal à comprendre, ils recourront à la seconde formule. Après cela, ils s'assureront que leur partenaire a bien compris avant de passer à l'étape suivante. Il leur est interdit de faire des gestes pour l'aider.

3. Lorsque les apprenants qui se servent de la fiche B auront fini de plier leur feuille de papier, ils la déplieront complètement et referont le porte-monnaie, mais cette fois en expliquant eux-mêmes à leur partenaire ce qu'ils font à chaque étape (celui-ci ou celle-ci devra évidemment les corriger s'ils commettent une erreur). Il faudra donc répéter presque toutes les explications qui leur auront été données au début de l'exercice.

TRAVAIL COMPLÉMENTAIRE

Les apprenants rédigeront des instructions similaires, puis les donneront oralement à leur partenaire pour lui faire faire autre chose (un bateau ou un avion par exemple) avec du papier ou du carton. On pourra commencer ce travail individuellement après le cours. Si les apprenants ont de bonnes idées, ils pourraient peut-être essayer de se communiquer leurs directives par téléphone.

Deuxième activité

Mêmes outils que pour la première activité.

DÉMARCHE À SUIVRE

1. Les apprenants qui se servent de la fiche A ont une carte incomplète de l'île de Corsairix.

2. Les autres membres de la classe (fiche B) aideront leur partenaire à compléter sa carte en lui décrivant la leur (la même, mais complète) et en répondant comme il faut à toutes ses questions.

3. Quand ils auront terminé, les apprenants vérifieront ce qu'ils ont fait. Ils peuvent se montrer leur livre et comparer leurs cartes. Cependant il serait plus productif de demander aux personnes qui avaient une carte incomplète de répéter elles-mêmes l'essentiel des instructions qui leur ont été données. Leur partenaire pourrait alors corriger les erreurs.

TRAVAIL COMPLÉMENTAIRE

Les apprenants dessineront deux cartes, l'une incomplète et l'autre complète, d'une région qu'ils connaissent bien. Demandez-leur de préparer une série d'explications susceptibles d'aider une autre personne à reconstituer la carte incomplète.

20 COMMENT EXPRIMER SES OPINIONS

Première activité

- Croyez-vous (crois-tu) que ... ? → Oui, bien sûr/tout à fait/certainement
- À votre avis (à ton avis), est-ce que ... ? → Non (pas vraiment/pas du tout/absolument pas)
- Pensez-vous (penses-tu) que ... ?
  → Eh bien, ça dépend/Peut-être bien que oui, peut-être bien que non.
  → Je n'en ai aucune idée/Je ne sais pas quoi dire/Je n'ai aucune opinion à ce sujet.

DÉMARCHE À SUIVRE

1. Les apprenants liront toutes les assertions et donneront leur avis pour chacune en cochant la bonne colonne (cf. légende).

2. Demandez-leur de se poser des questions à tour de rôle pour découvrir, dans chaque cas, l'opinion de leur partenaire ; et, s'ils ne sont pas d'accord, de justifier leur opinion (au moins un argument) :

> *B : Est-ce que tu trouves la politique intéressante ?*
> *A : Non, pas du tout.*
> *B : Moi non plus (ou : Ah bon ? Moi, je trouve que si. Je pense...), etc.*

TRAVAIL COMPLÉMENTAIRE

Les apprenants rédigeront plusieurs autres propositions similaires. Ils procéderont ensuite à un inventaire de ce que pensent leurs camarades de classe.

Deuxième activité

Mêmes propositions que pour la première activité.

DÉMARCHE À SUIVRE

1. Expliquez aux apprenants que leur partenaire a les six affirmations qui leur manquent. Ils se demanderont à tour de rôle quelles sont ces affirmations et les écriront dans leur livre.

2. Ils examineront les douze propositions et indiqueront ce qu'ils en pensent en encerclant le chiffre correspondant le mieux à leur avis (cf. légende).

3. Quand ils auront fait cela, dites-leur de trouver les opinions correspondantes de leur partenaire. Les apprenants devraient discuter chaque réponse avec leur interlocuteur(trice) : donner des raisons, argumenter s'ils ne sont pas d'accord avec ce que l'autre dit.

TRAVAIL COMPLÉMENTAIRE

Même suggestion que pour la première activité.

Troisième activité

- Qu'est-ce que/Que pense X (de ... ?/à propos de ... ?/au sujet de ... ?)
  → Il/Elle croit/estime que ...
- Quelle est l'opinion de X sur ... ?/Quel est l'avis de X sur ... ?
  → Ils/Elles (ne) sont (pas) d'accord avec ...

quées (cf. page 35 A ou B)). Ils se renseigneront sur celles qui manquent en se posant des questions à tour de rôle :

> A : *Quel genre de boissons est-ce que Maryse préfère ?*
>
> B : *(Elle préfère) le Coca-Cola, etc.*

Ils cocheront les cases appropriées dans la colonne correspondant à chaque personne.

5. Quand les apprenants auront fini de se poser des questions, ils compteront toutes les préférences (les leurs, celles de leur partenaire et celles des quatre invités) et utiliseront le résultat pour décider avec leur partenaire quelle boisson, quels aliments et quel genre de musique il y aura à la fête. Dites-leur d'inscrire leurs choix définitifs sur les lignes prévues à cet effet sous les 2 tableaux.

TRAVAIL COMPLÉMENTAIRE

Les apprenants imagineront qu'un(e) cousin(e) qui vit à l'étranger depuis plusieurs années va venir passer quelques jours chez eux. Ils rédigeront un dialogue entre eux et cette personne, dans lequel ils lui demandent ce qu'il/elle aimerait faire.

Troisième activité

> - Est-ce qu'il/que Jean aime X … ?/s'entend bien avec X ?
>   - → Oui, il s'entend bien avec lui/elle.   → Non, elle ne s'entend pas bien avec lui/elle.
>   - → Oui, il lui est sympathique.   → Non, elle ne lui plaît pas.
>   - → Oui, il l'apprécie beaucoup.
> - Qui est-ce que … n'aime pas/ne trouve pas sympathique ?
> - Avec qui est-ce que … s'entend bien ?/Par qui se sent-il/elle attiré(e) ?
>   - → Elle ne peut pas supporter/souffrir cette personne.
>   - → Il/Elle ne peut pas supporter/voir/sentir/encaisser …
> (verbes classés du − familier au + familier)

DÉMARCHE À SUIVRE

1. Expliquez que chacune des personnes représentées sur les dessins aime quelqu'un et déteste quelqu'un d'autre dans ce groupe.
Ceci est indiqué par la légende suivante : soit une ligne droite (—) : il/elle le/la trouve sympathique ; soit une ligne brisée (– –) : il/elle le/la trouve antipathique.

2. Les apprenants ne connaîtront les sympathies et les antipathies que de quatre individus. Ils découvriront les affinités des autres en se posant des questions à tour de rôle :

> A : *Qui est-ce que Charles trouve sympathique ?*
>
> B : *Il aime bien Lise, etc.*

3. Ils traceront des lignes dans leur livre conformément à la légende pour indiquer qui chaque personne aime et n'aime pas.

TRAVAIL COMPLÉMENTAIRE

Les apprenants rédigeront un bref exposé sur les affinités des personnes représentées sur les dessins. Ils inventeront les meilleures raisons possibles pour expliquer les sympathies et les antipathies de chacune.

Quatrième activité

> - Est-ce qu'il/elle aime … (faire telle ou telle chose) … ?
>   - → Oui (, ça lui plaît (beaucoup/énormément)).
>   - → Non (, pas tellement/du tout/généralement pas).
>   - → Non, il déteste (faire) ça.

DÉMARCHE À SUIVRE

1. Expliquez aux apprenants qu'ils ne connaissent que certaines des choses que Luc, Hervé, Paulette et Émmanuelle apprécient ou ne supportent pas. Dites-leur de trouver les renseignements qui leur manquent en se posant des questions à tour de rôle :

> *B : Hervé aime-t-il se promener à pied ?*
>
> *A : Oui, il aime beaucoup ça, etc.*

Ils inscriront les renseignements dans leur livre.

2. Quand les apprenants auront obtenu tous les renseignements désirés, dites-leur d'examiner les opinions des quatre personnes et de décider quel garçon et quelle fille s'entendraient le mieux. Ils verront s'ils sont d'accord avec leur partenaire.

TRAVAIL COMPLÉMENTAIRE

Les apprenants intervieweront leur partenaire en lui posant les mêmes questions et feront par écrit un court exposé sur leurs goûts et préférences respectifs.

Cinquième activité

- Quelles sont vos émissions préférées ?
  → Les émissions qui me plaisent le plus, ce sont les émissions sportives.
- Quel est votre programme préféré ?
  → Ce qui m'intéresse le plus, c'est le sport.
- Quel genre d'émissions vous plaît ?
  Quels genres de programmes aimez-vous regarder ?
  Qu'aimez-vous surtout écouter à la radio ?
  → Je suis passionné(e) de ..., mais je n'aime pas ...
- Selon vous, est-ce qu'il y a des émissions qui devraient être plus/moins diffusées ?
- À votre avis, quelles sont les émissions qui devraient être plus/moins diffusées ?
  → Je crois/pense qu'il n'y a pas assez/trop de ...
  → Eh bien ... (nom de l'émission) ... par exemple, parce que ...

DÉMARCHE À SUIVRE

1. Les apprenants qui utilisent la fiche B joueront le rôle d'étudiants en sociologie qui enquêtent sur les genres d'émissions de télévision et de radio les plus regardées ou écoutées. Leur travail consistera à aborder des gens dans la rue pour leur poser des questions et à inscrire les réponses au crayon sur le formulaire dans leur livre. Leur partenaire sera un(e) passant(e).

2. Les apprenants prendront le temps de se familiariser avec la liste de programmes qui se trouve à la fois sur la fiche A et la fiche B. Ceux qui travaillent avec la fiche B pourront commencer comme ceci :

> *B : Pardon monsieur/madame, je suis chargé(e) de faire un sondage sur les programmes de radio et de télévision en France. Pourriez-vous (prendre le temps de) répondre à quelques questions (il y en aura pour une minute) ?*
>
> *A : Mais oui, bien sûr/Oui, allez-y.*

et finir comme cela :

> *B : Je vous remercie (beaucoup/infiniment) d'avoir répondu/bien voulu/eu l'amabilité/pris le temps/(de) répondre à mes questions.*
>
> *A : Je vous en prie/Il n'y a pas de quoi/Mais de rien, monsieur/madame.*

TRAVAIL COMPLÉMENTAIRE

Les apprenants qui utilisent la fiche A se réuniront tous ou en petits groupes et ceux qui travaillent avec la fiche B formeront, parallèlement, un ou plusieurs autres groupes. Les apprenants A dresseront une liste originale d'émissions radiophoniques précises,

connues et actuelles, et les apprenants B établiront une liste similaire de programmes de télévision (ce travail en commun pourrait aussi être préparé individuellement à la maison comme devoir). Puis, toute la classe fera un sondage en reprenant les questions de l'activité précédente ("cinquième activité") ; chaque membre d'un groupe A interrogera une des personnes du groupe B, et vice versa (il/elle ne devrait cependant pas poser ses questions à son ancien(ne) partenaire). Quand tout le monde aura fait cela, les apprenants se réuniront à nouveau en groupes et échangeront les réponses obtenues, révélatrices des goûts et des préférences de l'ensemble de la classe.

22 COMMENT EXPRIMER L'ACCORD ET LE DÉSACCORD

Première activité

- Qu'est-ce que vous pensez de ... ?
- À votre avis, est-ce que ... ?
- Quelle est ton opinion sur/As-tu une opinion sur ... ?
    → Je (ne) crois/pense (pas)/Il me semble que/J'estime que/A mon avis...
    → Je suis (en partie/entièrement) d'accord avec toi.
    → Tu as (presque/tout à fait) raison.
    → Je (ne) suis (pas (complètement) d'accord (avec vous).
    → (Je crois que) Vous avez raison/tort.

DÉMARCHE À SUIVRE

1. Les apprenants regarderont les dix programmes de télévision sur leur liste et décideront individuellement de ce qu'ils pensent de chacun d'eux. Ils peuvent choisir l'un des trois adjectifs déjà suggérés en l'encerclant, ou bien, si aucun de ces qualificatifs ne les satisfait, ils peuvent en ajouter un quatrième et l'inscrire dans l'espace prévu à cet effet.

2. Ils se poseront des questions à tour de rôle afin de trouver l'opinion de leur partenaire sur les différents programmes :

> A : *Qu'est-ce que tu penses des westerns ?*
> B : *Je trouve ça passionnant.*
> A : *Vraiment ? je ne suis pas du tout d'accord.*
> B : *Quel est ton avis ?*
> A : *C'est plutôt ennuyeux, etc.*

Ils noteront les choix de leur partenaire s'ils diffèrent des leurs.

TRAVAIL COMPLÉMENTAIRE

Les apprenants chercheront à connaître les opinions du reste de la classe concernant les différentes catégories d'émissions télévisées et les résumeront par écrit.

Deuxième activité

- Qu'est-ce que ... (nom).. pense de .... ?
- Quelle est son opinion concernant ... ?
- À son avis, est-ce que ... ?
    → Il/Elle estime que...
    → Il/Elle (n') est (pas) d'accord avec ...

DÉMARCHE À SUIVRE

1. Expliquer aux apprenants que les neuf personnes, dont les noms se trouvent dans la colonne de gauche, sont élèves dans la même classe ; en haut du tableau il y a les noms de leurs trois professeurs. Sous le nom de chaque professeur se trouvent les appréciations de fin d'année pour la classe. Faites remarquer que la fiche A contient les commentaires de Mme Andrieu, la fiche B ceux de M. Saint-Yves et que chacun possède certaines des observations de Mlle Guillemin. Les apprenants découvriront les commentaires de tous les professeurs en se posant des questions à tour de rôle :

> *A : Qu'est-ce que M. Saint-Yves pense de Raymond ?*
>
> *B : Il pense que c'est un très bon élève. Et quelle est l'opinion de Mme Andrieu à son sujet ?*
>
> *A : Elle n'est pas d'accord avec M. Saint-Yves ; elle pense que Raymond est moyen. Et Mlle Guillemin, que pense-t-elle de lui ?*
>
> *B : Elle est d'accord avec Mme Andrieu. À son avis, le travail de Raymond est correct, etc.*

Les apprenants écriront les appréciations supplémentaires dans leur livre.

2. Quand ils auront obtenu les renseignements qui leur manquaient, ils décideront avec leur partenaire de la note que mérite chacun en tenant compte des avis des trois professeurs ; ils peuvent choisir n'importe quel système de notation qui leur est familier : de 0 à 10, de 0 à 20, etc. Ils inscriront la note finale sur laquelle ils se sont mis d'accord dans la colonne prévue à cet effet.

TRAVAIL COMPLÉMENTAIRE

Les apprenants joueront le rôle d'un directeur/d'une directrice d'école et formuleront brièvement par écrit une appréciation sur chaque élève à l'aide des différents avis des professeurs.

23 COMMENT PARLER DE FAITS SITUÉS DANS LE PASSÉ (1)

Première activité

- Combien d'hommes ont été assassinés l'année dernière ?
- Combien de meurtres dont les victimes étaient des hommes ont-ils été commis à ... l'année dernière ?
- Combien de maisons a-t-on cambriolé à ... l'année dernière ?
- Combien de voitures est-ce qu'on a volé à ... l'an passé ?
  - → Un seul/(seulement) un (homme) y a été tué/assassiné).
  - → On (y) en a cambriolées 135, etc.

DÉMARCHE À SUIVRE

1. Expliquez aux apprenants que le tableau indique le taux de criminalité pour l'année dernière dans les villes de Trigagnon et Coulormiers. Chacun possède seulement une partie des renseignements sur les deux villes. Dites-leur de trouver ceux qui manquent en se posant des questions à tour de rôle, puis de les inscrire dans leur livre :

> *B : Combien de femmes est-ce qu'on a assassiné à Trigagnon l'an dernier ?*
>
> *A : A Trigagnon ? Attendez voir ... une seule. Une femme seulement y est morte assassinée, etc.*

2. Quand les apprenants auront obtenu tous les renseignements voulus, ils détermineront individuellement dans quelle ville on a commis le plus de délits et inscriront leur réponse à l'endroit prévu à cet effet. Ils vérifieront s'ils sont d'accord avec leur partenaire.

TRAVAIL COMPLÉMENTAIRE

Les apprenants rédigeront un court rapport sur la criminalité à Trigagnon et à Coulormiers l'année dernière en se fondant sur les renseignements du tableau.

Deuxième activité

> • Comment s'(appelle) appelait l'objet représenté sur la première image ?
>   → Il/Ça s'(appelle) appelait ...
> • Où est-ce qu'on l'a trouvé/découvert ?
>   → Il a été trouvé/On l'a découvert à (dans/sur/sous/à côté/à l'intérieur/près de) ...
> • En quoi était-il/elle fait(e) ?   En quelle matière était-il/elle fait(e) ?
> • À quoi est-ce qu'il/elle servait ?   → À ...   → On s'en servait pour...   → On l'utilisait pour ...

DÉMARCHE À SUIVRE

1. Expliquez à la classe que les objets représentés dans les cadres ont été trouvés récemment par des archéologues. Ceux numérotés de 1 à 4 appartenaient à la tribu des Voracites et ceux numérotés de 5 à 8 à la tribu des Bolurons. Les apprenants qui se servent de la fiche A ont quelques renseignements sur la tribu des Voracites et ceux qui utilisent la fiche B sur celle des Bolurons.

2. Tous les apprenants regarderont les images se rapportant à la tribu dont ils savent quelque chose et, individuellement, inventeront des noms pour les quatre objets. Ils ajouteront les renseignements manquants concernant ces objets et les inscriront dans leur livre aux endroits prévus à cet effet.

3. Les apprenants se renseigneront sur les objets appartenant à l'autre tribu en posant des questions à leur partenaire :

> A : *Comment est-ce qu'ils appelaient le septième objet ?*
> B : *Ils appelaient ça une "frottiche" (ou n'importe quel autre nom fictif).*
> A : *Où a-t-il/elle été trouvé(e) ?*
> B : *On l'a trouvé(e) près de la rivière, etc.*

TRAVAIL COMPLÉMENTAIRE

Soit les apprenants dessineront d'autres objets semblables utilisés par les tribus et les montreront à leur partenaire pour répondre à ses questions de la même manière que précédemment. Soit ils imagineront qu'ils sont l'un des archéologues et rédigeront un court rapport sur leurs trouvailles.

24 COMMENT FAIRE UN RÉCIT

Première activité

> • En quelle année... ?   Où est-il ... ?   Quelles ont été ses aventures ?
> • Quand ... ?   Où a-t-il ... ?   Qu'est-ce qui lui est arrivé ?

DÉMARCHE À SUIVRE

1. Chaque apprenant possèdera des renseignements sur quatre explorateurs. Demandez-leur de trouver les renseignements qui leur manquent en se posant des questions à tour de rôle :

> A : *Quand John O'World a-t-il commencé son voyage autour du monde ?*
> B : *(Il a commencé son voyage) en 1420.*

Ils inscriront les réponses dans leur livre.

2. Quand les apprenants auront terminé, ils vérifieront leurs renseignements en se montrant leur livre.

TRAVAIL COMPLÉMENTAIRE

Les apprenants raconteront par écrit un ou plusieurs des voyages que les explorateurs ont fait, en y ajoutant d'autres détails.

Deuxième activité

> • Tout d'abord..., puis ..., après cela ..., finalement il a ...

DÉMARCHE À SUIVRE

1. Chaque apprenant aura deux histoires imagées dans son livre, la première est dans le bon ordre et celle située au-dessous dans le désordre.

2. Ils se raconteront à tour de rôle la première histoire, c'est-à-dire l'histoire qui est dans le bon ordre :

> *A : Un jour, un homme entra dans un restaurant. Il s'assit et ..., etc.*

Leur partenaire regardera le second jeu d'images dans son livre (dans notre exemple, la fiche B), écoutera attentivement et indiquera l'ordre correct de l'histoire en numérotant (1, 2, 3, 4) les cases situées sous les images.

3. Les apprenants vérifieront qu'ils ont bien compris et numéroté les images dans le bon ordre : pour cela chacun(e) devra raconter à son tour l'histoire qu'il/elle a écoutée à celui/celle qui l'avait racontée en premier.

TRAVAIL COMPLÉMENTAIRE

Les apprenants réécriront l'une des histoires en ajoutant d'autres détails.

25 COMMENT JUSTIFIER DES ACTES ET UN COMPORTEMENT

Première activité

> • Pourquoi Nadine était-(est) elle en retard ?
>   → Parce qu'elle a dû .../Figure-toi qu'il lui est arrivé ...
> • Pourquoi Denis n'était-il pas à l'heure ?
>   → Parce qu'il lui a fallu .../Il a été obligé de ...

DÉMARCHE À SUIVRE

1. Les apprenants auront une liste de noms d'enfants d'une même classe qui étaient tous en retard ce matin. Faites-leur remarquer qu'ils connaissent seulement les raisons du retard de la moitié des élèves. Demandez-leur de découvrir les raisons des autres retardataires en posant des questions à leur partenaire :

> *A : Pourquoi est-ce que Marie-France est en retard ?*
>
> *B : Parce qu'elle a raté le train, etc.*

Ils inscriront les renseignements dans leur livre.

TRAVAIL COMPLÉMENTAIRE

Les apprenants rédigeront un dialogue entre un(e) élève et le maître ou la maîtresse d'école, dans lequel l'élève explique pourquoi il/elle est en retard et présente ses excuses.

Deuxième activité

> • Est-ce que Simone peut/pourra (a/aura) le temps de venir (dîner) ?
>   → Oui, elle peut/pourra venir.
>   → Non, elle ne peut/pourra pas venir/cela lui est/sera impossible (parce que ...)
> • Est-ce que Lucien a/aura un empêchement (à cette heure-là/ce jour-là) ?
>   → Oui/Non, il ...

DÉMARCHE À SUIVRE

1. Les apprenants auront une liste d'invités à dîner samedi chez Laurent. Faites-leur remarquer qu'ils savent quelles personnes, parmi celles dont les noms sont à gauche de la page, peuvent venir. C'est indiqué par la légende :

    (+) = peut venir
    (−) = ne peut pas venir.

2. Les apprenants travailleront individuellement et inventeront des raisons, semblables aux deux exemples donnés dans leur livre, pour expliquer pourquoi les personnes qui ont un moins après leur nom (−) ne peuvent pas venir dîner. Ils inscriront ces raisons dans les blancs prévus à cet effet.

3. Ensuite, les apprenants se renseigneront sur les intentions des gens dont les noms figurent à droite de la page, en se posant des questions à tour de rôle :

> *A : Est-ce qu'Annabelle pourra venir ?*
>
> *B : Non, ce ne sera pas possible.*
>
> *A : Ah bon, pourquoi ?*
>
> *B : Parce qu'elle a un examen important à passer après-demain, etc.*

Ils inscriront ces renseignements dans leur livre.

4. Quand les apprenants connaîtront les raisons de tous les empêchements, dites-leur de compter combien de personnes viendront dîner chez Laurent. Ils s'assureront qu'ils sont d'accord avec leur partenaire.

TRAVAIL COMPLÉMENTAIRE

Les apprenants imagineront qu'ils ont également été invités à dîner chez Laurent ; ils lui écriront une lettre pour le remercier de son invitation et lui expliqueront pourquoi ils ne peuvent pas venir.

26 COMMENT INVITER ET ACCEPTER OU REFUSER UNE INVITATION

Première activité

> • Veux/voudrais-tu ... ?/Aimes/Aimerais-tu ... ?/Peux/Pourrais-tu ... ?
> • Est-ce que ça te fait (ferait plaisir/plairait)/dit (dirait) de ... ?
> • Est-ce que vous acceptez (accepteriez) de ... ?
> • Je vais/nous allons ..., tu peux venir (avec moi/nous) ?
>   → Mais oui, certainement !   → Oui, (bien sûr)/ça me ferait très plaisir !
>   → J'aimerais mais, (malheureusement)...   → Je voudrais bien, seulement...
>   → Ce jour-là/à cette date, ce ne sera pas possible.   → Non, je suis désolé(e) ...
>   → Je le regrette (fort) ...   → Quel dommage !   → Je suis (serai) pris(e) !

DÉMARCHE À SUIVRE

1. L'agenda qui se trouve dans le livre indiquera aux apprenants une partie de leur emploi du temps pour la semaine prochaine. À côté de l'agenda il y a une liste de ce qu'ils voudraient faire avec leur partenaire.

2. Ils s'inviteront chacun leur tour à faire ce qui figure sur la liste, sans oublier de spécifier le jour et le moment : le matin, l'après-midi ou le soir. La personne invitée devra regarder dans son agenda pour voir si elle est libre à ce moment-là, puis accepter l'invitation ou la refuser en disant pourquoi :

> *A : Est-ce que tu veux qu'on aille dîner au restaurant cette semaine ?*
>
> *B : Oui, c'est une bonne idée.*
>
> *A : Jeudi soir, ça te va ?*
>
> *B : Ah non, jeudi soir, je ne peux pas, je dîne chez Robert.*
>
> *A : Le lendemain alors ? Tu es libre vendredi soir ?*
>
> *B : Vendredi soir, oui, ça serait très bien.*
>
> *A : Alors c'est entendu comme ça.*
>
> *B : D'accord. Merci, etc.*

Tous les apprenants marqueront dans leur agenda les invitations acceptées et les rendez-vous pris.

TRAVAIL COMPLÉMENTAIRE

Les apprenants rédigeront leur emploi du temps pour la semaine prochaine. Ils choisiront individuellement huit activités et les inscriront n'importe où dans leur agenda (ce travail préparatoire pourrait être fait chez eux). Puis, ils inviteront une autre personne de la classe à participer aux activités choisies : les apprenants procéderont comme dans l'étape ci-dessus, donc s'inviteront à tour de rôle, mais s'adresseront à chaque fois à un(e) partenaire différent(e).

Deuxième activité

> Mêmes outils que pour la première activité.

DÉMARCHE À SUIVRE

1. Les apprenants travailleront avec un dialogue dont ils ne connaissent qu'une partie. Leur partenaire leur donnera la réplique. Demandez-leur de lire attentivement les fragments de dialogue se trouvant sur leur fiche.

2. En suivant les instructions données entre parenthèses, ils devraient pouvoir préparer à l'avance une partie de ce qu'ils vont dire. Cependant, pour pouvoir compléter leur partie, ils devront être attentifs aux questions posées par leur partenaire. Ce n'est qu'à ce moment-là qu'ils pourront lui donner une réponse adéquate.

3. Tout en s'entretenant avec leur partenaire, les apprenants se référeront à leur agenda situé en bas de page. Ils y inscriront les renseignements obtenus.

4. Donnez-leur suffisamment de temps pour bien préparer cette activité de communication. Quand ils seront prêts, ils commenceront.

TRAVAIL COMPLÉMENTAIRE

Les apprenants écriront une courte lettre d'invitation à un camarade de la classe ; ceci peut être fait en classe ou à la maison. Dites-leur d'échanger leurs lettres. Puis, ils rédigeront une réponse dans laquelle ils accepteront ou refuseront l'invitation (ceci peut faire l'objet d'un second devoir à la maison).

27 COMMENT SUGGÉRER ET RÉPONDRE À DES SUGGESTIONS

Première activité

> • Pourquoi ne pas (+ verbe à l'infinitif) ... ? Qu'est-ce que tu en penses ?
> • Nous pourrions (+ verbe à l'infinitif) ... (Qu'en pensez-vous ?)
> • Si on (+ verbe à l'imparfait) ... ?
>   → Oui, c'est/ça serait une bonne/excellente idée.
>   → Ça non, parce que ...
>   → Je n'ai pas l'impression/Je ne suis pas sûr(e) que...
>   → Je ne crois pas que { cela (lui/leur) convienne/aille.
>   { ce soit une bonne idée.
> • Ne croyez-vous pas qu'il(s) ai(en)t besoin de/aimerai(en)t ...
> • À ton avis, est-ce que ... lui/leur ferai(en)t plaisir ?
>   → Il me semble que oui/Je crois bien/Certainement, parce que ...
>   → Non, je ne pense pas, étant donné que ...
>   → Non, ce n'est pas (du tout ça) qu'il lui/leur faut (..).

DÉMARCHE À SUIVRE

Les apprenants veulent offrir des cadeaux à leurs amis qui vont tous fêter leur anniversaire la semaine prochaine. Ils choisiront et achèteront les cadeaux ensemble. Expliquez que sous chaque (groupe de) nom(s), à gauche, il y a trois suggestions de cadeaux indiquées par a, b et c, tandis que les renseignements indiqués à droite les aideront à répondre aux suggestions de leur partenaire. Ils proposeront à tour de rôle un cadeau pour chaque personne (ou groupe de personnes) en respectant l'ordre donné dans les tableaux. Les interlocuteurs devront répondre à chaque proposition en fonction des renseignements de droite :

> A : *C'est l'anniversaire de l'oncle Alfred mercredi prochain. Si on lui offrait une boîte de chocolats/des chocolats ?*
>
> B : *Non, je ne pense pas que ce soit une bonne idée. Il n'aime pas tellement les sucreries.*
>
> A : *Alors, on pourrait peut-être lui acheter un stylo ?*
>
> B : *Cela ne conviendrait pas non plus, parce que ..., etc.*

TRAVAIL COMPLÉMENTAIRE

Les apprenants rédigeront un dialogue entre un frère et une sœur qui discutent des cadeaux de Noël qu'ils veulent offrir à leur famille.

Deuxième activité

> • Nous pourrions regarder (verbe à l'infinitif) la 1re chaîne.
> • Pourquoi ne pas regarder (verbe à l'infinitif) la 2e ?
> • Est-ce que tu (veux/as envie de rester (verbe à l'infinitif) ici ?
> • Est-ce que tu as envie que nous restions (verbe au subjonctif) ici ?
>   → (Eh bien) oui (après tout), pourquoi pas ?
>   → À mon avis, il vaut/vaudrait mieux...
>   → Non, ça ne me dit pas grand-chose/rien du tout.

DÉMARCHE À SUIVRE

1. Les apprenants resteront chez eux ce soir et regarderont la télévision ensemble. Ils pourront choisir des programmes sur trois chaînes différentes.

2. Demander à chacun quelles émissions il aimerait regarder et ensuite d'inscrire ses choix dans la colonne marquée VOUS. Il leur suffira de marquer I, II ou III selon la chaîne qu'ils ont choisie.

3. Puis, les apprenants proposeront à tour de rôle une émission à regarder à telle ou telle heure. Leur partenaire devra répondre en fonction de ses choix personnels ; soit il/elle accepte la suggestion, soit il/elle propose autre chose en justifiant son choix comme il/elle veut :

> A : *Si on regardait Dynamo à 18 heures ?*
>
> B : *– C'est une bonne idée, d'accord.*
> *– Non, ça ne me dit pas grand-chose. Si on regardait plutôt "Parlez-vous français ?". On a besoin de faire des progrès.*

4. Les apprenants indiqueront les choix initiaux de leur partenaire dans la colonne marquée VOTRE PARTENAIRE. Ils devront s'entendre sur ce qu'ils vont regarder ensemble et indiqueront leur choix final dans la troisième colonne.

TRAVAIL COMPLÉMENTAIRE

Les apprenants rédigeront un court dialogue entre deux personnes en train de choisir une émission à regarder ensemble. Dites-leur de s'inspirer de la liste de programmes télévisés donnée dans leur livre.

28 COMMENT DEMANDER ET DONNER UN(DES) CONSEIL(S)

Première activité

> • Qu'est-ce qu'il/elle (devrait/ferait (bien) mieux de... ? /aurait intérêt à (+ infinitif)?
> → Elle aurait (certainement/tout) intérêt à (+ infinitif).
> → Il y aurait avantage à (+ infinitif) ...
> → Il y aurait avantage à ce qu'il/elle (+ subjonctif) ...
> → Il serait opportun de/Il est recommandé/indiqué de (+ infinitif)...
> → Il (lui) faudrait (+ infinitif)/qu'il/elle (+ subjonctif)...

DÉMARCHE À SUIVRE

1. Les apprenants auront le tableau représentant l'horoscope de la semaine prochaine pour six personnes. Faites-leur remarquer qu'ils connaissent celui de seulement trois d'entre elles. Dites-leur de trouver l'horoscope des trois autres en se posant des questions à tour de rôle :

> A : *Qu'est-ce que Rémy aurait intérêt à faire sur le plan du travail ?*
>
> B : *Il devrait se concentrer davantage.*
>
> A : *Et en ce qui concerne sa santé ?*
>
> B : *Il faudrait qu'il fasse plus de promenades à pied, etc.*

Ils inscriront les renseignements dans le tableau.

2. Quand les apprenants auront trouvé les six horoscopes, ils inscriront leur nom et celui de leur partenaire dans les deux cases vides de la colonne de gauche. Demandez-leur de travailler seul, d'inventer l'horoscope de leur partenaire, et de l'écrire dans les espaces vides qui correspondent à son nom.

3. Ils trouveront leur propre horoscope (inventé par leur partenaire) en se posant mutuellement des questions :

> A : *Qu'est-ce qu'il serait bon que je fasse du point de vue du travail ?*
>
> B : *Tu devrais faire plus d'efforts, etc.*

Ils inscriront les renseignements dans leur livre.

Les apprenants rédigeront une lettre de conseils adressée à la mère d'un de leurs amis, qui a l'air fatiguée et morose.

Deuxième activité

> • Mon problème/Ce qui me tracasse/m'inquiète, c'est que ...
> • Je me fais du souci/du mauvais sang parce que...
> • Sais-tu ce que je devrais faire/Qu'est-ce que je devrais faire ? /Que me conseillez-vous de faire ?
> → Tu pourrais/devrais ...
> → Pourquoi ne (n') ...-vous pas ... ?
> → Si j'étais toi/A votre place, je ...

DÉMARCHE À SUIVRE

1. Les apprenants liront les cas de figure et les raisons d'être inquiet dans la première section (I) sur le côté gauche de la page. Dites-leur d'ajouter une quatrième raison à leurs soucis et de l'inscrire sur la ligne prévue à cet effet.

2. Demandez-leur aussi de lire les « conseils éventuels à donner à votre ami(e) », à droite.

3. Les apprenants qui travaillent avec la fiche A expliqueront leur situation à ceux qui se servent de la fiche B. Chacun pourra alors donner les conseils voulus à son interlocuteur(trice).

> *A : Ce qui me tracasse, c'est que je ne parle pas bien français.*
>
> *B : Eh bien, tu as le temps (du temps devant toi), tu pourrais suivre un cours intensif, etc.*

Note : Lors du dernier échange de question-réponse, les apprenants devraient donner un conseil qui semble convenir au problème inventé.

4. Puis, les apprenants qui utilisent la fiche B expliqueront leur situation et demanderont conseil de la même façon.

5. Répétez les étapes 1 à 4 avec les situations de la deuxième section (II) à gauche de la page.

TRAVAIL COMPLÉMENTAIRE

Les apprenants rédigeront une lettre à leur ami(e) dans laquelle ils donnent des conseils à propos d'une des situations qu'ils ont discutée. Ils utiliseront les renseignements situés dans l'une des colonnes « Conseils éventuels » comme point de départ.

29 COMMENT EXPRIMER LES DEGRÉS DE CERTITUDE

Première activité

> • Que prévoit la météo pour demain ?
> • Quel temps va-t-il faire/fera-t-il demain (la semaine prochaine) en Grèce ? (dans la vallée de la Loire ?/à Paris ?)
> → Il est possible (Il y a des chances pour) que le temps soit couvert/brumeux, nuageux.
> → Le temps sera peut-être ensoleillé.
> → Il est (très) probable qu'il fera du vent (que le vent soufflera fort).

Démarche à suivre

1. Commencez par expliquer aux apprenants la légende qui se trouve sous leur carte. Faites-leur remarquer que sont indiquées sur la carte les prévisions météorologiques, représentées par des symboles, pour sept régions de France parmi quatorze. Demandez-leur de trouver les prévisions pour les sept régions restantes en se posant des questions à tour de rôle :

> *B : Quel temps est-ce qu'il va faire après-demain dans la vallée du Rhône ?*
>
> *A : Le temps sera probablement ensoleillé, mais il est possible qu'il fasse du vent (qu'il y ait du mistral) etc.*

Les apprenants ajouteront les symboles appropriés sur leur carte.

2. Quand ils auront terminé l'activité, demandez-leur de vérifier leurs informations en se montrant leur livre.

Travail complémentaire

Les apprenants feront par écrit les prévisions météo(rologiques) pour toute la France en utilisant l'ensemble des renseignements dont ils disposent.

Deuxième activité

> • Pensez-vous/Est-ce que vous croyez que ... ?
> • À ton avis, est-ce que ... ?
>   → Cela pourrait bien arriver/se passer.
>   → Cela ne se produira vraisemblablement/certainement pas.
>   → Il est très probable que ce sera le cas/
>   On en arrivera (presque) certainement là/à ça.
>   → Il y a une chance sur deux pour que ça se passe comme ça/de cette façon.

Démarche à suivre

1. Expliquez aux apprenants que leur partenaire a les neuf affirmations qui leur manquent. Dites-leur de se poser des questions à tour de rôle pour trouver quelles sont ces affirmations, et de les écrire dans leur livre.

2. Ils examineront les dix-huit prédictions et envisageront la probabilité qu'a chacune d'elles d'être réalisée avant l'année 2050 ; ensuite ils indiqueront leur appréciation en se référant à la légende et inscriront le chiffre qui correspond à leur opinion dans la colonne marquée VOUS.

3. Quand ils auront fait cela, demandez-leur de trouver l'opinion de leur partenaire à propos de chaque assertion :

> *A : Crois-tu que tout le monde parlera la même langue ?*
>
> *B : Hum... à mon avis, c'est très possible, mais quand même loin d'être certain, etc.*

(la personne qui travaille avec la fiche A devra alors inscrire le chiffre 3 dans la colonne marquée VOTRE PARTENAIRE).

Les apprenants essayeront également de justifier leurs opinions.

Travail complémentaire

Les apprenants inventeront plusieurs autres prédictions du même genre. Ils trouveront eux-mêmes les opinions de leurs camarades de classe concernant ces nouvelles propositions.

30 COMMENT PARLER DE FAITS SITUÉS DANS LE PASSÉ (2) ET COMMENT INTERROMPRE POLIMENT POUR CORRIGER.

Première activité

> • Excusez-moi (excuse-moi)/Je vous (te) demande pardon,
> mais je crois que { vous vous trompez (tu te trompes).
> { vous faites erreur (tu fais erreur).
>
> • Il me semble/Je pense que vous vous êtes trompé(e)/(tu t'es trompé(e)).
>
> • Je vous arrête/Laissez-moi/Permettez-moi de vous arrêter, ce n'(est) était pas ...

DÉMARCHE À SUIVRE

1. Les apprenants liront et se familiariseront avec la série de faits indiqués au bas de la page.

2. Dites-leur que leur partenaire va leur lire un court passage donnant des renseignements sur le même animal, mais que ces renseignements ne sont pas tous exacts. Demandez-leur de l'écouter attentivement et de l'interrompre poliment quand c'est nécessaire, pour corriger les erreurs qu'ils entendent :

> *A : Dinosaure est le nom qui désigne une espèce de reptiles disparus. Ce mot vient du latin ...*
>
> *B : Excuse-moi, mais je pense que tu as dit une bêtise. Dinosaure est un mot grec, etc.*

N.B. Avant de commencer l'activité, assurez-vous que chaque personne a eu suffisamment de temps pour parcourir le passage qu'il/elle devra lire à son partenaire.

3. Les apprenants liront à haute voix et noteront les informations correctes dans leur livre (ou sur une feuille de papier) à chaque fois qu'ils seront interrompus. A la fin, ils utiliseront leurs notes pour vérifier si toutes les erreurs ont été repérées : il devrait y avoir cinq corrections pour chaque texte.

Deuxième activité (la plus longue et la plus difficile)

> Les mêmes outils que pour la première activité

DÉMARCHE À SUIVRE

1. Les apprenants liront et se familiariseront avec la série de faits indiqués au bas de la page.

2. Dites-leur que leur partenaire va leur lire un texte donnant des renseignements sur un personnage de l'histoire de France, mais que ces renseignements ne sont pas tous exacts. Demandez-leur de l'écouter attentivement et de l'interompre poliment quand c'est nécessaire, pour corriger les erreurs qu'ils entendent :

> *B : En 1940, il (Charles de Gaulle) séjourna à Londres avec un grand nombre de Français qui ...*
>
> *A : Je vous demande pardon, mais je crois que vous faites erreur (qu'il y a erreur). Le général de Gaulle s'est bien réfugié à Londres en 1940, mais il n'était qu'avec un petit nombre (une poignée) de Français, etc.*

N.B. Avant de commencer l'activité, assurez vous que chaque personne a eu suffisamment de temps pour parcourir le passage qu'il/elle devra lire à son partenaire.

3. Les apprenants liront à haute voix et noteront les informations correctes dans leur livre (ou sur une feuille de papier) à chaque fois qu'ils seront interrompus. À la fin, ils utiliseront leurs notes pour vérifier si toutes les erreurs ont été repérées : il devrait y avoir seize corrections pour chaque texte.

TRAVAIL COMPLÉMENTAIRE (POUR LES DEUX ACTIVITÉS)

Soit vous demandez aux apprenants de choisir l'un des textes et de le réécrire en y incluant les renseignements exacts.

Soit vous leur dites de l'utiliser comme modèle pour faire par écrit un exposé chronologique des faits concernant un animal ou une personne célèbre qu'ils connaissent tous. Ils incluront délibérément des renseignements inexacts. Puis, demandez à quelques apprenants de lire ce qu'ils ont composé au reste de la classe, et comptez les interruptions. Ils devront essayer d'être le plus convaincants possible quand ils lisent leur passage à haute voix.